Skat – Regeln und Tips

humboldt
Freizeit

Kiebitz:
der - meist unbeliebte - Nichtspieler, der den anderen in die Karten sieht und durch Miene oder Bemerkung deren Spiel verrät, wenn er nicht gar „weise Ratschläge" erteilt.

Skat — Regeln und Tips

Von Karl Lehnhoff

humboldt

humboldt-taschenbuch 248
Umschlaggestaltung: Christa Manner, München
Umschlagfoto: Bildagentur Mauritius, Mittenwald
Fotograf: Grasser

Am Schluß des Bandes drucken wir mit freundlicher Genehmigung des Deutschen Skatverbandes e.V. die z.Z. gültige offizielle „Skatordnung“ ab.

Druck: Presse-Druck Augsburg
Printed in Germany
ISBN 3-581-66248-5

INHALT

LIEBER SKATFREUND!

Sie werden nicht allein im folgenden Text alle nur erdenklichen Lernhilfen finden – Sie werden auch merken, wie bereit man ist, Sie zu unterweisen, sobald Sie sich einer gemütlichen Skatrunde beiordnen. Sicher, gewiß sogar, werden Sie auch manch ein hartes Wort zu hören bekommen, wenn Sie als Anfänger mitunter etwas falsch machen und dadurch ein Spiel verpatzen. Skatspieler sind nun einmal rauh in der Sprache, aber es kommt bei ihnen alles von Herzen – auch das Schelten!

Spielen Sie, wo und wann immer sich eine Gelegenheit dazu bietet, denn allein die immerwährende Übung macht den Meister. Im Grunde gelangt keiner je zur absoluten Meisterschaft. Jeder schießt mal einen Bock, und jeder sieht sich immer wieder einmal einer Spielsituation gegenüber, der er nicht gewachsen ist. Da muß er sich dann auf seine Intuition verlassen, auf das Fingerspitzengefühl, das jeder Spieler im Laufe der Zeit erwirbt. So etwas kann man natürlich aus Büchern nicht lernen. Es erwächst aus der Praxis. Also spielen Sie! Nicht nur am Skattisch, sondern auch ganz für sich, gleichsam „im stillen Kämmerlein", derart, daß Sie die Karten an sich und zwei fiktive Mitspieler verteilen, sie offen auslegen und nun – einmal in der Rolle dieses Spielers, einmal an Stelle des anderen – alle Möglichkeiten erwägen. Das macht Spaß, es ist zugleich eine unterhaltsame Art des Denksports und übt bis zur Fertigkeit.

DIE SKATRUNDE

Wie lautet die meistgestellte Frage? „Spielen Sie Skat?" Und das ist dann ebenso, als müsse man auf die – ebenfalls immer häufiger vorkommende Erkundigung, was für einen Wagen man fahre – antworten: „Gar keinen."
In der Tat hat sich dies gesellige Spiel zu dritt sowohl in Deutschland als auch in den Vereinigten Staaten seit gut hundertfünfzig Jahren heimisch gemacht und erfreut sich einer immer noch zunehmenden Beliebtheit. Nun waren die Regeln dieses variationsreichen Kartenspiels lange Zeit hindurch sehr unbestimmt. Das hatte zur Folge, daß sich die brieflichen Fragen nach den genauen Skatregeln in Altenburg immer mehr häuften. Warum gerade in diesem kleinen mitteldeutschen Städtchen? Weil dort die Herstellung der Spielkarten blühte, so daß man annahm, wer Karten fabriziere, der müsse auch über deren Verwendung bestens informiert sein. Im Jahre 1886 trat denn auch der Erste Deutsche Skat-Kongreß in Altenburg zusammen und man einigte sich auf die „Allgemeine Deutsche Skatordnung", deren Regeln noch heute maßgeblich sind. Demgemäß hält sich auch unser Buch an diese Regeln. Drei Männer – nennen wir sie Meier, Lehmann und Krause – setzen sich zum Skatspiel zusammen. Sie nehmen diese Sitzordnung ein:

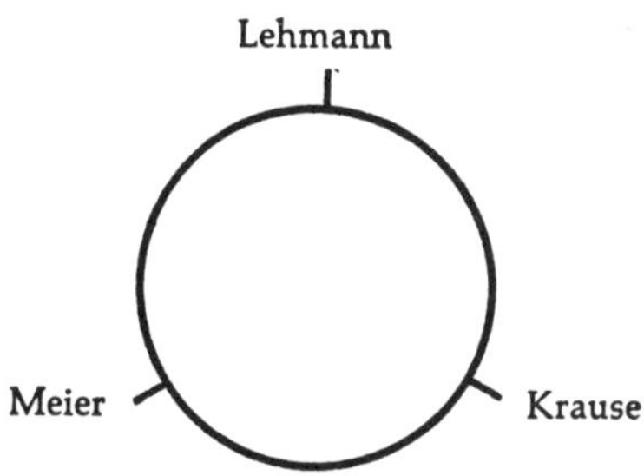

Meier, Lehmann und Krause bilden jetzt also eine Skatrunde. Meier zieht ein Paket von zweiunddreißig Spielkarten aus der Tasche. Lehmann legt einen Block zum Anschreiben der Gewinne und Verluste auf den Tisch. Krause stiftet den wohlgespitzten Bleistift.

DER ZÄHLWERT DER KARTEN

Beim Skat rangieren die vier Farben des Kartenspiels in der folgenden Reihenfolge: Kreuz (auch „Treff" genannt, was aus dem Französischen „le trèfle = das Kleeblatt" kommt und sich auf die kleeblattähnliche Form des Kreuzmusters bezieht); Pik; Herz (oder „cœur", was ebenfalls seinen Ursprung im Französischen hat und nichts anderes als „Herz" heißt); Karo.

♣	♠	♥	♦
Kreuz (Treff)	Pik	Herz (Cœur)	Karo

Jede dieser Farben ist mit jeweils acht Karten vertreten. Diese ordnen sich folgendermaßen: Bube, As, Zehn, König, Dame, Neun, Acht, Sieben. Die Buben sind also die höchsten Trümpfe, die Asse die zweithöchsten und so fort.

Obwohl der Bube höchster Trumpf ist, und zwar ebenfalls in der Reihenfolge Kreuz, Pik, Herz, Karo, hat er nur einen Zählwert von zwei Augen oder Punkten. *Alle vier Buben* sind Trümpfe, so daß die jeweilige Trumpffarbe nicht acht Karten umfaßt, sondern deren elf:

Kreuz:	*Pik*	*Herz*	*Karo*
Kreuz-Bube	Kreuz-Bube	Kreuz-Bube	Kreuz-Bube
Pik-Bube	Pik-Bube	Pik-Bube	Pik-Bube
Herz-Bube	Herz-Bube	Herz-Bube	Herz-Bube
Karo-Bube	Karo-Bube	Karo-Bube	Karo-Bube
Kreuz-As	Pik-As	Herz-As	Karo-As
Kreuz-Zehn	Pik-Zehn	Herz-Zehn	Karo-Zehn
Kreuz-König	Pik-König	Herz-König	Karo-König
Kreuz-Dame	Pik-Dame	Herz-Dame	Karo-Dame
Kreuz-Neun	Pik-Neun	Herz-Neun	Karo-Neun
Kreuz-Acht	Pik-Acht	Herz-Acht	Karo-Acht
Kreuz-Sieben	Pik-Sieben	Herz-Sieben	Karo-Sieben

Freilich gibt es gewisse Spiele, bei denen diese Rangordnung nicht zutrifft. Wir werden das später lernen.

DAS AUSTEILEN DER KARTEN

Die verdeckten Karten werden auf dem Tisch auseinandergeschoben. Jeder Mitspieler zieht eine Karte. Nehmen wir an, Krause habe die

Pik-Acht gezogen, Lehmann den Karo-Buben, Meier das Herz-As. Da die Buben über den Assen rangieren, hat Lehmann also die höchste Karte gezogen. Dadurch ist entschieden, daß er das erste Spiel gibt. Er ist in diesem Falle *Hinterhand.* Lehmann mischt nun die Karten, gibt das Päckchen an den rechts von ihm sitzenden Meier. Meier hebt ab. Nach der Skatordnung muß abgehoben werden, und zwar so, daß mehr als 3 Karten liegen bleiben oder abgehoben werden. Jetzt teilt Lehmann aus. Linksherum, also im Uhrzeigersinn, geschieht das. Er gibt Krause drei Karten. Meier drei, schließlich sich selbst auch drei. Dann bekommt Krause zwei Karten, Meier zwei, Lehmann zwei. Jetzt legt Lehmann zwei verdeckte Karten, den sogenannten „Skat" in die Mitte des Spieltisches. Und wieder bekommen Krause, Meier und endlich Lehmann, der Geber, erst je drei Karten zugeteilt und dann je zwei. Manche Spieler geben auch je fünf Karten, legen zwei in den Skat und geben dann nochmals je fünf. Diese zwei Arten der Kartenverteilung sind aber beide nicht richtig. Die Skatordnung (SkO 2.25 u. 2.26) bestimmt über die Verteilung der Karten:

„Es müssen, beim linken Nachbarn beginnend, jedem Mitspielenden zunächst drei Blätter gegeben werden, dann jedem vier und im letzten Gang wieder jedem drei.
Nach dem ersten Gange sind zwei Blätter – kurz Skat genannt – gesondert zu legen." Selbstverständlich geschieht dies stets mit verdeckten Karten, denn keiner darf einen Blick in die zehn Karten des Mitspielers, das sogenannte „Blatt" werfen!

VORHAND, MITTELHAND, HINTERHAND

Wir sagten schon, daß der Geber immer Hinterhand genannt wird. Der im Uhrzeigersinne auf ihn folgende Krause ist Vorhand, Meier also Mittelhand. Die drei Spieler betrachten sich nun ihr Blatt, das sie sich um der besseren Übersicht willen nach Farben und in der Reihenfolge der Werte ordnen. Meist geht das so vor sich, daß sie die Buben (falls sie welche im Blatt haben) in der richtigen Reihenfolge nebeneinander stecken, alsdann — ebenfalls in der oben angegebenen Reihenfolge — die Farbenwerte. Das mag dann bei Meier so aussehen:

Kreuz-Bube, Herz-Bube, Kreuz-König, Kreuz-Acht, Pik-As, Pik-Zehn, Pik-Dame, Pik-Neun, Herz-König, Herz-Sieben.

Karo hat Meier überhaupt nicht. Man sagt in einem solchen Fall, er ist in dieser Farbe „renonce" (Fehlfarbe).

Es gibt fürs Ordnen der Karten keine feststehenden Regeln, so daß manche Skatspieler ihre Karten auch kunterbunt zu einem fächerförmigen „Blatt" zusammenstecken. Sie sind geübt genug, ihr Blatt auch in diesem Fall gut zu übersehen. Und sie tun es mit gutem Grund. Hat nämlich ein Spieler die Gewohnheit, seine Buben, die höchsten Trümpfe, immer rechts zu stecken, so werden seine Mitspieler das bald bemerken. Beobachten sie einander nun beim Ordnen der Karten, so sehen sie: „Aha, da steckt einer zwei Karten nach rechts außen. Beim Anspiel zieht er die zweite dieser Karten. Es ist der Herz-Bube. Die erste Karte muß also auch ein Bube sein, und zwar ein höherer. Also der Pik- oder Kreuz-Bube!" Sie wissen, daß der derart beobachtete Mitspieler noch einen Buben in petto hat.

Nachdem die Karten also in der Hand geordnet sind, wird sich jeder Spieler sein Blatt genau betrachten, um festzustellen, ob er möglicherweise darauf ein Spiel riskieren kann. Hat er sich entschieden, beginnt das Reizen, über das wir uns im nächsten Abschnitt ausführlich unterhalten werden. Ehe wir dazu kommen, müssen wir aber die Begriffe „Vorhand, Mittelhand, Hinterhand" klären. Lehmann hat das Spiel ausgeteilt oder – wie es in der Skatsprache heißt – er hat „gegeben". Der gemäß unserer Sitzordnung links auf ihn folgende Spieler ist Krause, in diesem Falle „Vorhand". Krause wird also anspielen, d. h. die erste Karte auf den Tisch bringen. Meier ist „Mittelhand". Er wird als zweiter eine Karte hinlegen, Lehmann, „Hinterhand" legt die dritte zu. Aber soweit sind wir noch nicht. Zuerst muß festgestellt werden, an wen das Spiel überhaupt fällt. Und eben dies wird durchs Reizen ermittelt. Mittelhand, in diesem Falle Meier, reizt Vorhand, also Krause. Hat einer von beiden „gepaßt", d. h. kann oder will er nicht mehr mitreizen, so darf Hinterhand weiterreizen, bzw. passen. Im Verlauf eines Spiels ändert sich die „Hand" andauernd. Es ist also nicht so, daß Krause in einem fort Vorhand bleibt, also jedesmal als erster seine Karte hinlegt. Es kommt vielmehr darauf an, wer den „Stich", der aus jeweils drei Karten besteht, übernommen hat. Übernehmer ist der, der die höchste Karte in der geforderten Farbe hinlegte.

Hierzu ein Beispiel: Nachdem geklärt ist, wer das Spiel macht, legt Krause als Vorhand eine Karte auf den Tisch, sagen wir die Herz-Acht. Meier geht mit dem Herz-As drüber. Lehmann gibt die Herz-Sieben dazu. Meier, der den Stich also mit seinem As übernahm, ist jetzt Vorhand, er spielt zum nächsten Stich aus. Lehmann ist dann Mittelhand, Krause Hinterhand.

Den nächsten Stich übernimmt vielleicht Lehmann. Jetzt ist er Vorhand, spielt also aus. Krause ist Mittelhand, Meier Hinterhand. Die-

ser ständige Wechsel ist wichtig, denn das jeweilige Ausspielen kann unter Umständen für den Spielverlauf von ausschlaggebender Bedeutung sein. So lautet eine beherzigenswerte Skatregel: Man versuche stets, den Alleinspieler in Mittelhand zu bringen, was man dadurch erreicht, daß derjenige Gegenspieler, der – immer im Uhrzeigersinne – vor dem Alleinspieler sitzt, nach Möglichkeit übernimmt, d. h. die höchste Karte zum Stich gibt, damit er dann am Ausspielen ist. Das wird jedoch in einem späteren Kapitel ausgiebig erläutert werden.
Was heißt nun eigentlich Alleinspieler und Gegenspieler? Wir wissen, daß jede Skatrunde aus drei Spielern besteht. Derjenige, der durch höchste Reizung das Spiel an sich bringt, ist der Alleinspieler. Die beiden anderen sind also seine Gegenspieler, die mit vereinten Kräften versuchen werden, den Alleinspieler „umzulegen", d. h. das Spiel für sich zu gewinnen. Um dies zu erreichen, müssen sie am Ende des Spiels mindestens sechzig Augen in ihren Stichen haben. Zehn Stiche werden jeweils gemacht. Zehn mal drei Karten = dreißig Karten. Mit dreißig Karten wird ja gespielt, denn zwei liegen immer im Skat. Der Alleinspieler muß, um gewinnen zu können, mindestens einundsechzig Augen in seinen Stichen, sowie in den beiden Karten, die im Skat liegen, haben. Im ganzen befinden sich hundertzwanzig Augen in den Skatkarten. Zählen Sie einmal selbst zusammen:

vier Buben	= viermal	zwei Augen =	8
vier Asse	= viermal	elf Augen =	44
vier Zehnen	= viermal	zehn Augen =	40
vier Könige	= viermal	vier Augen =	16
vier Damen	= viermal	drei Augen =	12
Summe:			120

(9, 8 und 7 haben keinen Augenwert)

Für die Gegenspieler genügt es also, genau die Hälfte aller Augen in ihren Stichen zu vereinigen. Der Alleinspieler braucht zum Gewinn jedoch die Hälfte plus ein Auge!

DAS REIZEN

Wir kommen nun zum nicht ganz einfachen Vorgang des Reizens, von dem es – wie gesagt – abhängt, an welchen Spieler das Spiel geht. Um es gleich vorwegzunehmen: keiner *muß* reizen. Jeder darf von vornherein erklären: „Ich passe!" Das bedeutet dann, daß er kein gutes Blatt in der Hand hat, also auf keinen Fall spielen möchte. Oder aber er reizt ein Weilchen mit, und sagt dann: „Ich passe", gleichviel, ob er noch weiterreizen könnte oder nicht.

Jedes Spiel hat seinen Wert. Das höchste ist das sogenannte Großspiel, der *Grand*. Bei diesem Spiel ist keine *Farbe* Trumpf, sondern allein die vier Buben. Einen Grand kann derjenige riskieren, der mehrere Buben hat und dazu Asse und Zehnen, die nach den Buben stechen, jeweils in der Farbe, die angespielt worden ist. Hat also ein Spieler das, was man eine „volle" Karte nennt, eine also, die Karten mit hohen Augenzahlen enthält, sowie Buben dazu, dann reizt er auf Grand. Der Grand wird nach der Skatordnung mit 24 bewertet. Leider und unverständlicherweise wird der Grand vielerorts noch mit 20 gewertet. Dabei beschloß bereits der 13. Deutsche Skatkongreß 1932 in Altenburg, daß im logisch-systematischen Aufbau der einzelnen im Skat möglichen Spiele Grand als Großspiel 24 zählen muß, damit er — einfach gespielt — mit 48 den Zählwert eines Null ouvert überbieten kann.

Wir legen deshalb auch diese 24-Wertung unserm Buch zu Grunde. Meier hat also das in der Hand, was man als gute Grandkarte bezeichnen darf. Lehmann hat das Spiel gegeben, demgemäß ist Krause Vorhand und wird von Meier, der Mittelhand ist, gereizt. Bitte, merken Sie sich: Zuerst reizt Mittelhand Vorhand. Wenn Mittelhand paßt, reizt Hinterhand Vorhand. Paßt Vorhand, reizt Hinterhand Mittelhand; passen Hinterhand und Mittelhand, sagt Vorhand achtzehn oder paßt ebenfalls.

Wer am weitesten reizt, erhält das Spiel. Ausschlaggebend für das Reizen sind die *Buben!* Und zwar kommt es dabei nicht nur auf deren Anzahl an, sondern auch auf die *Reihenfolge!* Hat einer den ältesten Buben, also den Kreuz-Buben, fehlt ihm aber der zweite, der Pik-Bube, dann kann er nur „mit einem" reizen, gleichviel ob er den Herz-Buben und den Karo-Buben auch noch hat oder nicht. Es kommt also nicht auf die Anzahl der Buben an, die einer in seiner Hand vereinigt, sondern auf deren Reihenfolge. Meier, der seinen Grand reizt, hat den ältesten Buben und den Herz-Buben. Er reizt: mit einem, Spiel zwei. Nun muß der Ausdruck „Spiel zwei" erklärt werden. Dieser Ausdruck ist ein fester Bestandteil des Skatspiels und macht eigentlich das Skatspiel erst möglich, denn man benötigt einen sogenannten Reizfaktor. Je nachdem, ob man mit oder ohne ein, zwei, drei, oder vier Buben spielt, reizt man beispielsweise mit einem „Spiel zwei", mit zwei „Spiel drei", ohne vier „Spiel fünf", ohne eins „Spiel zwei". Wie gesagt, Meier reizt: „Mit einem Spiel zwei".

Da der Grand 24 zählt, bedeutet das zweimal 24 = 48. Meier kann also bis 48 gehen. Reizt einer höher, kann er nicht mithalten, es sei denn, er reize auf „Hand" oder „Schneider", worüber wir noch sprechen werden.
Hat ein Spieler den Pik-Buben, es fehlt ihm also der Kreuz-Bube, der „Älteste", dann hat das auf die Reizung keinen Einfluß. Er reizt dann nämlich: „Ohne einen, Spiel zwei". Das macht dann beim Grand, von dem wir hier zunächst ausschließlich reden – wieder zweimal 24 = 48. Hat einer die beiden ältesten Buben, fehlt ihm aber der Dritte, also der Herz-Bube, reizt er: „Mit zweien, Spiel drei". Das würde beim Grand also 3 x 24 = 72 machen. Hat einer nur den Herz-Buben, reizt er: „Ohne zwei, Spiel drei". Macht ebenfalls 72. Hat er den Herz-Buben und den Karo-Buben, reizt er ebenfalls „ohne zwei, Spiel drei". Sie sehen also, es ist ganz egal, ob er außer den beiden fehlenden ältesten Buben Herz- und Karo-Bube hat, oder nur den Herz-Buben. Fehlen ihm die drei ältesten Buben, hat er also weder den Kreuz- noch den Pik- noch den Herz-Buben, reizt er: „Ohne drei, Spiel vier = 96". Hat er alle vier Buben, so reizt er: „Mit vier Spiel fünf = 120", d. h., er kann so einen Grand, wenn er will, bis 120 ausreizen. Soweit wird es aber gar nicht kommen, denn seine beiden Mitspieler werden sehr wahrscheinlich schon früher passen. Das Spiel geht vielleicht schon dann an ihn, wenn er „40" gesagt hat. Er läßt es dabei bewenden, braucht also keineswegs zu sagen, daß er bis 120 hätte reizen können!
Hat der Grandspieler überhaupt keinen Buben, reizt er – wenn überhaupt – „ohne vier, Spiel 5", ebenfalls gleich 120.
Nehmen wir nun an, einer habe einen einfachen Grand, d. h. den Ältesten oder den Zweiten Buben. Er kann dann höchstens bis 48 reizen, denn mit (oder ohne) einem, Spiel zwei = 48. Jetzt hat aber ein anderer Spieler ein gutes Kreuzspiel in der Hand. Vielleicht ohne die drei ältesten Buben. Da Kreuz, wie wir später sehen werden, den Spielwert 12 hat, kann dieser nun reizen: „Ohne drei Spiel vier". Das würde vier x zwölf = 48 machen. Derjenige, der sein Kreuzspiel gerne machen möchte, ist in Mittelhand. Er reizt also den grandlustigen Spieler, der in Vorhand sitzt. Das Spiel fällt an Vorhand, denn derjenige, der gern Kreuz spielen möchte, kann gerade noch „48" sagen. Er tut es, Vorhand sagt: „Ja, die habe ich." (Er will ja Grand mit einem Buben spielen, also mit einem spielt zwei x 24 = 48.). Nun muß Mittelhand sagen: „Ich passe." Ist aber der Grandspieler in Mittelhand, dann müßte er im oberen Fall das Spiel abgeben, denn er wäre ja an der Reihe, Vorhand zu reizen. Er müßte also bei 48 passen, die derjenige, der Kreuz ohne 3 spielt, gerade noch halten kann.

Sie sehen also, es kommt sehr viel darauf an, wer in Vorhand, Mittel- und Hinterhand sitzt. Jetzt hat nämlich der Grandspieler, der 48 halten konnte, sein Spiel immer noch nicht unter Dach und Fach. Hinterhand, die bisher überhaupt noch nichts sagen durfte, kann ja evtl. noch ein höher bewertetes Spiel in der Hand haben. Einen Nullouvert Hand etwa, der aus der Reihe der Farbenspiele tanzt und i m m e r, gleichviel, ob Buben dabei sind und welche, 59 zählt. Hinterhand reizt also weiter, indem er 59 sagt. Da kann derjenige, der seinen Grand mit einem oder ohne einen, kurz gesagt seinen e i n f a c h e n Grand nicht höher reizen kann, nicht mehr mit und muß blutenden Herzens passen.

Nein, das muß er nicht. Er kann noch weitergehen, wenn er glaubt, daß sein Blatt ihm das gestattet. Er sagt sich im Stillen (niemals laut!), daß er noch „Hand" mitreizen könnte. Was heißt das? Es bedeutet folgendes: Derjenige, an den das Spiel geht, darf die zwei Karten, die verdeckt in der Mitte des Tisches liegen, aufnehmen und sie gegen zwei andere vertauschen, die ihm nicht recht ins Blatt passen bzw. eine Karte austauschen und die andere wieder hinlegen oder sogar beide Karten wieder zurücklegen, falls sie ihm keine Verbesserung bringen. Auf jeden Fall darf er zum Spielen nur 10 Karten in seiner Hand haben. Läßt der Alleinspieler den „Skat" nun unbesehen liegen, dann verzichtet er auf die eventuelle Chance, sein Spiel zu verbessern. Das nennt man dann: „Er spielt aus der Hand." Schon beim Reizen und auch bei der Bewertung eines gewonnenen Spiels erhöht sich der Reizfaktor um einen Punkt. Unser Grandspieler, der das Spiel durchaus an sich bringen möchte, reizt also weiter. Er kann jetzt bis 72 gehen, falls nötig. Wieso bis 72? Grand ohne einen, Spiel zwei, Hand drei. 3 x 24 = 72. Oder er sagt sich: „Mein Blatt ist so gut, daß ich genug Augen einheimsen werde, um die Gegner „Schneider" zu spielen."

Was ist denn „Schneider"? Wenn die Gegenspieler am Ende des Spiels in ihren Stichen weniger als 31 Augen haben, dann sind sie „Schneider", was beim Anschreiben den Gewinn des Alleinspielers erhöht. War sein Spiel Grand mit einem, Spiel zwei, so werden ihm jetzt nicht nur 48 gute Punkte angeschrieben, sondern deren 72. Durch die Tatsache, daß es ihm gelang, die Gegner „Schneider" zu machen, hat er sich nocheinmal den Punktwert seines Spiels verdient. Er bekommt also: Grand mit einem, Spiel zwei, Schneider drei = 72 angeschrieben. Und das kann er auch gleich beim Reizen mit einkalkulieren, ohne es jedoch anzusagen. Er reizt einfach bis 72. Schafft er es dann nicht, die Gegner Schneider zu spielen, ist sein Spiel allerdings verloren! Er wird also gut nachrechnen, wieviele Augen ihm sicher sind, ehe er insgeheim Schneider mitreizt.

Ist sein Spiel ganz besonders gut, so daß er ohne weiteres auf das Aufnehmen des Skates verzichten kann, dann wird er es tun. Ist es sogar so gut, daß die Gegenspieler mit Gewißheit nicht aus dem Schneider kommen werden, dann kann er das ansagen. Wohl gemerkt, nur wenn er Hand spielt, darf er ansagen, daß er die Gegner Schneider zu spielen gedenkt. Das würde im Falle, daß er seinen Grand gewinnt, bedeuten: Mit einem, Spiel zwei, aus der Hand 3, Schneider vier, Schneider angesagt 5. 5 x 24 = 120 gute Punkte, ja, es geht sogar noch weiter.

Alle Jubeljahre einmal kommt es vor, daß die Skatkarten so, wie sich jeder Spieler dies erträumt, verteilt sind. Er bekommt dann nämlich ein so tolles Blatt, daß er es, ohne den Skat anzusehen, einfach wie im Schlaf von oben herunter spielen kann. Er sieht dann bei Prüfung seines Blattes, daß die Gegenspieler überhaupt keinen Stich erhalten werden, also auch kein einziges Auge. Ein solcher Fall heißt: Die Gegenspieler werden „schwarz". Spielt der Inhaber eines solchen Glücksblattes nun also, ohne den Skat aufzunehmen, einen Grand mit allen 4 Buben aus der Hand, und sagt er dazu noch Schneider und Schwarz an, dann zählt sein Spiel, wenn er seine Ansage erfüllt, die Gegenspieler also wirklich keinen Stich machen: Mit vier, Spiel 5, Hand sechs, Schneider sieben, schwarz acht, Schneider angesagt neun, schwarz angesagt zehn. 10 x 24 = 240 gute Punkte für den Spieler. Das ist aber noch nicht das höchste Ergebnis, das man überhaupt in einem normalen Spiel ohne verteuernde Raffinessen erzielen kann. Das höchste und teuerste Spiel, das es im Skat gibt, ist der „Grand ouvert".

Sein Grundwert ist stets um 50 % höher als der für den einfachen Grand. Im Höchstfalle rechnet er mit allen 4 Buben: Mit vier, Spiel fünf, Hand sechs, Schneider sieben, Schneider angesagt acht, schwarz neun, schwarz angesagt zehn. 10 x 36 = 360.

Sie sehen also, bei einem Grand ouvert wird mit 36 und nicht mit 24 multipliziert. Er ist immer ein Handspiel, der Skat bleibt also unberührt liegen. Wie bei allen Spielen im Skatspiel spielt auch hier Vorhand aus. Der Alleinspieler muß seine 10 Handkarten vor Beginn des Spiels, also bevor Vorhand ausspielt, auflegen. Er muß alle 10 Stiche machen, um zu gewinnen. Deshalb genügen nicht nur 120 Augen. Es ist eine falsche Meinung, daß ein „Grand ouvert" nur dann gespielt werden darf, wenn er, die Gegner mögen spielen wie sie wollen, in jedem Falle gewonnen wird. Im Skat kann jedes Spiel sowohl gewonnen, als auch verloren werden. Mithin auch der Grand ouvert.

Wir kommen jetzt zum nächsten Spiel, dem Kreuz-Spiel. Es zählt 12, das Pik-Spiel zählt 11, das Herz-Spiel 10, das Karo-Spiel neun.

Außerdem gibt es noch den „Null", den Null Hand, den Null ouvert, den Null ouvert Hand, den Ramsch und den Schieberamsch.
Eine Tabelle*) fürs Reizen erleichtert das Erlernen dieser primären Skatkunst.

Grand mit einem	**= 48**	
Grand ohne einen	**= 48**	
Grand mit zweien	**= 72**	
Grand ohne zwei	**= 72**	
Grand mit dreien	**= 96**	
Grand ohne drei	**= 96**	
Grand mit vieren	**=120**	
Grand ohne vier	**=120**	
aus der Hand	**= 24**	**dazu**
Schneider	**= 24**	„
Schwarz	**= 24**	„
Schneider angesagt	**= 24**	„
Schwarz angesagt	**= 24**	„
Grand ouvert	**= 36**	

Kreuz mit einem	**= 24**	
Kreuz ohne einen	**= 24**	
Kreuz mit zweien	**= 36**	
Kreuz ohne zwei	**= 36**	
Kreuz mit dreien	**= 48**	
Kreuz ohne drei	**= 48**	
Kreuz mit vieren	**= 60**	
Kreuz ohne vier	**= 60**	
Kreuz mit fünfen	**= 72**	
Kreuz ohne fünf	**= 72**	
Kreuz mit sechsen	**= 84**	
Kreuz ohne sechs	**= 84**	
aus der Hand	**= 12**	**dazu**
Schneider	**= 12**	„
Schwarz	**= 12**	„
Schneider angesagt	**= 12**	„
Schwarz angesagt	**= 12**	„

Pik mit einem	**= 22**	
Pik ohne einen	**= 22**	
Pik mit zweien	**= 33**	
Pik ohne zwei	**= 33**	
Pik mit dreien	**= 44**	
Pik ohne drei	**= 44**	
Pik mit vieren	**= 55**	
Pik ohne vier	**= 55**	
Pik mit fünfen	**= 66**	
Pik ohne fünf	**= 66**	
Pik mit sechsen	**= 77**	
Pik ohne sechs	**= 77**	
aus der Hand	**= 11**	**dazu**
Schneider	**= 11**	„
Schwarz	**= 11**	„
Schneider angesagt	**= 11**	„
Schwarz angesagt	**= 11**	„

Herz mit einem	**= 20**	
Herz ohne einen	**= 20**	
Herz mit zweien	**= 30**	
Herz ohne zwei	**= 30**	
Herz mit dreien	**= 40**	
Herz ohne drei	**= 40**	
Herz mit vieren	**= 50**	
Herz ohne vier	**= 50**	
Herz mit fünfen	**= 60**	
Herz ohne fünf	**= 60**	
Herz mit sechsen	**= 70**	
Herz ohne sechs	**= 70**	
aus der Hand	**= 10**	**dazu**
Schneider	**= 10**	„
Schwarz	**= 10**	„
Schneider angesagt	**= 10**	„
Schwarz angesagt	**= 10**	„

*) Diese Tabelle ist für den Anfänger ebenso wichtig wie das „Kleine Skat-Lexikon". Merken Sie sich also fürs Nachschlagen die Seiten 16 und 78 ff.

Karo mit einem	*= 18*	*Karo ohne fünf*	*= 54*		
Karo ohne einen	*= 18*	*Karo mit sechsen*	*= 63*		
Karo mit zweien	*= 27*	*Karo ohne sechs*	*= 63*		
Karo ohne zwei	*= 27*	*aus der Hand*	*= 9*	*dazu*	
Karo mit dreien	*= 36*	*Schneider*	*= 9*	*„*	
Karo ohne drei	*= 36*	*Schneider angesagt*	*= 9*	*„*	
Karo mit vieren	*= 45*	*Schwarz*	*= 9*	*„*	
Karo ohne vier	*= 45*	*Schwarz angesagt*	*= 9*	*„*	
Karo mit fünfen	*= 54*				
Null	*= 23*	*Null aus der Hand*	*= 35*		
Null-ouvert	*= 46*	*Null-ouvert Hand*	*= 59*		
Revolution (*offiziell nicht mehr gespielt*)	*= 92*				

Merken Sie: Mit fünfen beim Farbenspiel heißt, daß der Spieler zu den vier Buben auch noch das As in der Farbe hat, die er zu spielen gedenkt. Hat er aber die vier Buben, fehlt ihm das As und kommt dann die Zehn, darf er nicht mit Fünfen reizen. Die Reihe muß stets geschlossen sein. Mit Sechsen heißt dann also, daß der Spieler in der gereizten Farbe die vier Buben hat, das As und die Zehn! Ohne Fünf bedeutet folgerichtig, dem Spieler fehlen in der Farbe, die er auszureizen gedenkt, die Buben und das As. Ohne Sechs: ihm fehlen die Buben, das As und die Zehn.

Theoretisch könnte das „mit" oder „ohne" beim Farbenspiel bis „mit elf" bzw. „ohne elf" gehen. Aber praktisch geht es nicht, weil man ja überhaupt nur zehn Karten in der Hand hat und bei einem so geschlossenen Blatt, wie etwa „mit Sieben" eines wäre, doch wohl einen Grand spielt. Und daß einer mit weniger als „ohne sechs" eine Farbe zu spielen riskiert, *kann* zwar vorkommen, geschieht aber äußerst selten. Wir haben uns deshalb damit begnügt, unsere Tabelle bis zum Wert „ohne sechs" durchzuführen.

Der Null zählt stets 23. Da gibt es nichts zu lernen. Der Null Hand zählt, wie aus der Tabelle ersichtlich, 35. Obwohl der Null Hand ein Bestandteil der Skatordnung ist, wird er in verschiedenen Gegenden Deutschlands nicht gespielt. Revolution siehe Skat-Lexikon!

Schließlich gibt es noch den Ramsch und den Schieberamsch. (Alle hier erwähnten Möglichkeiten werden in späteren Kapiteln ausführlich erklärt.) Warum finden Sie in der Tabelle beim Ramsch und Schieberamsch einfach einen Strich? Weil auf dies Spiel überhaupt nicht gereizt wird. Es kommt nämlich nur zustande, wenn alle drei Spieler von vornherein passen, also nicht einmal die niedrigste mögliche Ansage: „Achtzehn" riskieren. Sowas kommt vor, wenn die Karten so gut verteilt sind, daß keiner ein halbwegs erfolgversprechendes Blatt in der Hand hält. Also: Alle drei Spieler passen von vornherein – es wird Ramsch gespielt. Da beim Ramsch nichts gereizt wird, kann man auch den Gewinn und Verlust nicht wie beim Normalspiel errechnen. Im Kapitel Ramsch finden Sie Näheres darüber!

Und nun wollen wir das Reizen ein bißchen üben. Wie weit können Sie bei den nachstehend aufgezählten Spielen jeweils reizen?

1. Sie wollen Pik spielen und haben den vierten Buben, dazu 5 Trümpfe in Pik und eine gute Beikarte.
2. Sie wollen Grand spielen und haben den ältesten und die beiden jüngsten Buben.
3. Sie wollen Herz spielen und haben alle vier Buben, das Herz-As, die Herz-Dame, Herz-Acht.
4. Sie wollen Karo spielen und haben den ältesten und und zweiten Buben, Karo-As, Karo-Zehn, Karo-Dame, Karo-Acht.
5. Sie wollen einen Null spielen.
6. Sie wollen Kreuz spielen und haben den zweiten Buben, den vierten (oder jüngsten) Buben, Kreuz-Zehn, Kreuz-König, Kreuz-Dame, Kreuz-Acht, Kreuz-Sieben.

Und hier die Antworten zu diesen 6 Spielarten, die Sie natürlich nur bei guter Nebenkarte gereizt hätten.

Zu 1: Sie können reizen: Ohne drei Spiel vier mal elf = vierundvierzig.

Zu 2: Sie können reizen: mit einem, Spiel zwei mal vierundzwanzig = achtundvierzig.

Zu 3: Sie können reizen: mit Fünfen, Spiel sechs mal zehn = sechzig.

Zu 4: Sie können reizen: mit zweien, Spiel drei mal neun = siebenundzwanzig.

Zu 5: Sie können bis dreiundzwanzig reizen.

Zu 6: ohne einen, Spiel zwei mal zwölf = vierundzwanzig.

Allerhöchstens könnten Sie dies Spiel reizen: ohne einen, Spiel zwei, aus der Hand drei, Schneider vier, Schneider angesagt fünf mal zwölf = sechzig. „Schwarz" anzusagen können Sie bei diesem Blatt auf keinen Fall wagen. Das Spiel ginge verloren!

Bitte, üben sie die Kunst des Reizens auf eigene Faust mit Aufgaben weiter, die Sie sich selbst stellen. Und – überlegen Sie bei der Gelegenheit auch gleich, was man aus dem Reizen der andern entnehmen kann. Hat Meier z. B. bis siebenundzwanzig gereizt und nimmt das Spiel, ohne es aus der Hand zu spielen, also nach Einsicht des Skats und nach Drücken, und Sie haben den zweiten Buben in der Hand – was können Sie folgern? Stellen Sie sich vor, daß Sie auf Lehmanns Platz sitzen, also für diesen spielen. Dann ist, da Meier der Alleinspieler ist, Krause Ihr Mitspieler. Jawohl, Sie haben richtig überlegt: der älteste Bube muß bei Krause sitzen. Und das ist natürlich schon eine ganz hübsche Hilfe, die in dieser Kenntnis steckt. Sie können nun taktisch Ihr Spiel besser aufbauen, als wenn Sie über den Sitz des Ältesten nicht im Bilde wären. Ebenso Krause – er weiß genau, daß der zweite Bube bei Ihnen sitzt. Warum? Nun, Meier reizte bis siebenundzwanzig und hat ein Karo-Spiel angesagt. Das heißt also, er spielt mindestens mit zweien oder ohne zwei (Spiel drei mal neun = siebenundzwanzig). Mit zweien kann er nicht spielen, denn Krause hat ja den Ältesten Buben. Also spielt er ohne zwei und der Zweite Bube sitzt bei Ihnen. Bitte, merken Sie: derjenige, an den das jeweilige Spiel geht, muß nach dem Reizen erst den Skat aufnehmen, dafür zwei Karten weglegen und darf dann erst ansagen, was er spielt!

Und jetzt kommen wir zu einem sehr wunden Punkt unseres Skats, nämlich zum sogenannten Überreizen.

ÜBERREIZT!*)

Krause ist jetzt mit dem Kartengeben an der Reihe. Sie – immer noch Lehmanns Platz einnehmend – sind also Mittelhand und reizen Meier, nachdem Sie sich Ihr Blatt genau angesehen haben, das nicht schlecht ist. Sie haben:

Herz-Bube, Karo-Bube, Kreuz-As, Kreuz-Sieben, Pik-As, Pik-Dame, Pik-Neun, Pik-Acht, Herz-As, Herz-Dame.

Sie beschließen also, Ihr Spiel auszureizen. „Achtzehn", sagen Sie zu Meier. Er hat auch zwanzig, zweiundzwanzig, dreiundzwanzig und vierundzwanzig. Höher geht er, der einen Kreuz ohne einen spielen könnte, nicht. Krause paßt bei dreißig. Sie hätten bis drei-

*) In diesem Kapitel, wie auch in den nun folgenden, begegnen Ihnen viele echte Skatausdrücke. Sie finden die jeweiligen Erklärungen alle im „Kleinen Skat-Lexikon", S. 78 ff.

unddreißig reizen können. Pik ohne zwei, Spiel drei mal elf = dreiunddreißig. Neugierig nehmen Sie den Skat auf und finden darin den ältesten Buben und die Karo-Neun. Und damit haben Sie sich überreizt! Sie halten jetzt den ältesten Buben in der Hand, der zweite fehlt Ihnen – Ihr Spiel ist also durch das Aufnehmen billiger geworden. Es zählt nur noch: mit einem, Spiel zwei mal elf = zweiundzwanzig. Sie hatten aber bis dreißig gereizt.

Sie werden jetzt einwenden, daß das sehr ungerecht sei, denn Sie konnten ja nicht wissen, was im Skat liegt. Ungerecht oder nicht – es ist nun einmal so: was im Skat gefunden wird, zählt mit! Das ist ein Risiko, das jeder Spieler eingeht. Manch ein vorsichtiger Spieler kalkuliert diese Gefahr des „Überreizens" von vornherein mit ein und reizt nur soweit, daß er auch dann noch sein Spiel machen kann, wenn so ein „Billigmacher", eben der älteste oder zweite Bube, im Skat gefunden wird.

Bis dreißig war gereizt. Sie müssen mindestens ein dreißig Punkte zählendes Spiel machen, sonst ist's von vornherein verloren. Da gibt es nun verschiedene Möglichkeiten. Sollte Ihr Pik-Spiel so gut sein, daß Sie hoffen dürfen, Ihre Gegner „Schneider zu machen", ihnen also weniger als dreißig Augen zu überlassen, dann wäre der Gewinn bei Ihnen. Es würde dann zählen: mit einem, Spiel zwei, Schneider drei = dreiunddreißig. Die Sache mit dem Schneider ist Ihnen zu riskant, denn Sie drücken die gefundene Karo-Neun wieder weg und legen die Herz-Dame zu. Sie geben also auf die Kreuz-Sieben einen Stich ab, falls Sie sie nicht billig abwerfen können. Und wenn alle Pik-Karten gegen Sie in einer Hand sitzen, geben Sie auf Pik auch Stiche ab. Und der Feind, der gar keine Trümpfe hat, kann „schmieren". Die Gegner würden also wahrscheinlich aus dem Schneider kommen. Es bleibt Ihnen also nur übrig, auf das überreizte Blatt einen Grand zu riskieren, der ja achtundvierzig zählt (mit einem, Spiel zwei = achtundvierzig).

Selbstverständlich lassen Sie es sich nicht anmerken, daß Sie sich überreizt haben. Ihre Gegner würden sonst auf dem Sprung sitzen, um Ihnen das Genick zu brechen. Sie sagen mit gelassener Miene an: „Ich spiele Grand." Meier ist am Ausspielen. Er zieht seine längste Farbe, also Kreuz. Er nimmt die Dame dazu. Sie wissen nun nicht, ob Sie mit dem Kreuz-As übernehmen sollen, oder mit der Kreuz-Sieben drunterbleiben. Es könnte ja sein, daß Krause kein Kreuz hat, dafür aber den Pik-Buben. Bei großem Pech würde Ihnen das schöne As eventuell weggestochen werden. Aber Sie müssen ans Spiel kommen, um den Buben abzuholen, der noch draußen ist. Also riskieren Sie das Kreuz-As. Es geht gut. Krause hat zwar kein Kreuz, aber auch nicht den Buben. Er wirft also eine Lusche dazu, die Herz-Sieben. Wieder zählen Sie. Mit dem Skat haben Sie jetzt siebzehn Augen nach Hause gebracht (nämlich die gedrückte Herz-Dame = drei Punkte, das Kreuz-As = elf Punkte, sowie die Kreuz-Dame = drei Punkte.) Jetzt holen Sie vor allen Dingen den Pik-Buben ab, indem Sie den ältesten ausspielen. Krause gibt wieder eine Lusche zu, die Herz-Acht. Meier muß bedienen, d. h. den Buben geben, weil ja beim Grand nur die Buben Trumpf sind. Einundzwanzig Augen sind bei Ihnen. Was nun? Ich an Ihrer Stelle würde das Pik-As ausspielen. Weil Sie Pik lang haben, könnte es sein, daß die Pik-Zehn blank sitzt beim Gegner, also aufs As fallen muß. Tatsächlich, sie fällt! Krause, der Pik-König und Pik-Sieben hat, gibt die Sieben. Meier muß sich von seiner blanken Pik-Zehn trennen. Zweiundvierzig Augen bei Ihnen! Jetzt vielleicht das Herz-As? Sie ziehen es. Es bringt null Augen ein. Sie haben jetzt also dreiundfünfzig Augen. Den nächsten Stich müssen Sie dem Gegner lassen. Sie spielen die Kreuz-Sieben. Krause, der kein Kreuz hat, schmiert seine Herz-Zehn. Meier übernimmt mit der Kreuz-Zehn. Jetzt ärgert Meier Sie mit Kreuz, indem er Ihnen den König vorspielt. Kreuz haben Sie nicht mehr. Was tun? Abwerfen oder stechen? Abwerfen! Sie geben die Pik-Acht. Krause hält bestimmt seinen Pik-König fest, der nach seiner Karte noch einen Stich macht. Er wirft den Karo-König zu. Wieder kommt Meier mit Kreuz, denn er hat ja noch die Acht. Sie werden allmählich nervös. Pik-Neun weg. Krause gibt eine Karo-Lusche. Den Herz-König, den er auch noch hat, hält er, weil er hofft, mit dem ans Spiel zu kommen und Pik nachbringen zu können. Jetzt bringt Meier sein Karo-As. Sie stechen mit einem Buben ein, weil Sie ja kein Karo haben. Gewonnen! Schon das As, ohne Ihren Jungen, genügt. Denn es macht, mit den dreiundfünfzig Augen, die Sie schon hatten, vierundsechzig!

Was dies Spiel betrifft, das wir soeben miteinander durchgespielt haben, ebenso wie jene, die wir im Verlauf unseres Skat-Studiums noch durchspielen werden — es handelt sich ausschließlich um solche, die tatsächlich am runden Tisch gespielt worden sind und deren Verlauf ich notierte. Andere Skatspieler als Lehmann, Meier und Krause (oder Sie, der Leser, als fiktiver Mitspieler) hätten sicherlich nicht genauso gespielt. Jeder Skatspieler stellt seine eigenen Überlegungen an, hält dies oder das für günstig. Es handelt sich also durchweg um unverbindliche Musterbeispiele, denn der Möglichkeiten sind viele, wie Sie später, als gewiegter Skatfreund, selbst feststellen werden. Und diese Tatsache ist es nicht zuletzt, die das Spiel so reizvoll macht!

Wir wollen aber noch beim Überreizen verweilen. Sie ruhen sich jetzt aus und verfolgen aufmerksam, ob Lehmann, der ebenfalls einen Buben im Skat findet, sich aus der Affäre ziehen wird.
Krause gibt, Lehmann ist also Mittelhand. Meier erhält:

> *Pik-Bube, Kreuz-Zehn, Kreuz-Dame, Kreuz-Neun, Kreuz-Sieben, Pik-Neun, Pik-Acht, Herz-Dame, Herz-Neun, Herz-Sieben.*

Lehmann hält in der Hand:

> *Herz-Bube, Karo-Bube, Kreuz-As, Kreuz-König, Pik-Zehn, Pik-Sieben, Karo-As, Karo-König, Karo-Acht, Karo-Sieben.*

Krause hat:

> *Kreuz-Acht, Pik-As, Pik-König, Pik-Dame, Herz-As, Herz-Zehn, Herz-König, Karo-Zehn, Karo-Dame, Karo-Neun*

Im Skat liegen der älteste Junge und die Herz-Acht.

Lehmann glaubt, ein Karospiel durchbringen zu können. Da er die beiden jüngsten Buben hat, kann er reizen: „Ohne zwei, Spiel drei. 3 x 9 = 27". Meier meint auf seine Karte einen Null (den wir später lernen werden) gewinnen zu können. Er kann also nur bis 23 gehen und muß demzufolge passen, da Lehmann ja bis 27 reizen kann. Krause hat eine schlechte Karte und sagt gar nichts.
Sie finden Krauses Karte gar nicht so schlecht? Es sind doch zwei Asse darin, zwei Zehnen, zwei Könige und zwei Damen. Nun, das ist ein typisches Blatt zum „Mitspielen", aber nicht zum Allein-Spielen. Zum Grand reicht es nicht, zumal Krause keinen Buben hat. Zum Farbenspiel reicht's auch nicht, dazu sind die einzelnen Farben zu „kurz". Mit jeweils höchstens drei Trümpfen kann man schwerlich ein Farbenspiel gewinnen.
Lehmann nimmt seinen Skat auf. Weil er den ältesten Buben findet, zählt sein Karo-Spiel jetzt nur noch achtzehn. (Mit einem, Spiel zwei mal neun = achtzehn.) Karo kann er also nicht mehr spielen, auch nicht Pik, denn „Pik einfach" zählt nur zweiundzwanzig. Dreiundzwanzig war aber gereizt. Also muß er Kreuz spielen, das vierundzwanzig zählt. Er drückt die Pik-Zehn und die blanke Herz-Acht und läßt die Pik-Sieben stehen. „Blank", weil er keine weiteren Herzen im Blatt hat. Meier hat – mit dem Pik-Buben – fünf Kreuzkarten dagegen, er könnte also „Contra" bieten. (Contra lernen wir später.) Er tut es aber nicht, weil die übrigen fünf Karten schlecht sind, und vor allem, weil sein Mitspieler Krause nichts gereizt hat, so daß er vermuten muß, daß Krauses Blatt nicht gut ist.

Meier spielt Lehmann die Herz-Neun an. Lehmann legt seine blanke Pik-Sieben zu und Krause übernimmt den Stich mit dem Herz-As. Die Gegner haben also 11 Augen eingeheimst. Weil Krause übernommen hat, ist er jetzt am Ausspielen. Er legt seine blanke Trumpf-Acht auf den Tisch. In der Regel spielen die Gegner nicht Trumpf, aber in diesem besonderen Fall ist es günstig, denn Meier sieht daraus, daß Krause nur diesen einzigen Trumpf hat, den er wegwirft, um nicht mehr bedienen zu müssen, sondern „schmieren" zu können. Meier geht mit der Kreuz-Neun auf die Kreuz-Acht. Lehmann nimmt den Stich mit dem Kreuz-König. Er zählt mit! Drei Trümpfe sind draußen. Mit den gedrückten Augen habe ich nun 14. Jetzt spielt Lehmann seinen Karo-Buben. Krause, in der Hoffnung, daß Meier übernehmen kann, schmiert seine Herz-Zehn. Meier, der die Zehn nicht vom Tisch lassen will, übernimmt mit seinem Pik-Buben. Dann zieht er seine Herz-Dame. Lehmann hat kein Herz mehr. Stechen kann er aber nicht, denn er weiß ja, daß bei Meier noch 3 Trümpfe sitzen. Er darf sich also nicht im Trumpf schwächen. Er wirft die Karo-Sieben ab. Krause übernimmt mit Herz-König. Die Gegner haben jetzt 32 Augen unter Dach und Fach. Fünf Trümpfe sind gefallen. Krause zwingt nun Lehmann zum Stechen, indem er Pik-As anbietet. Meier bedient mit Pik-Acht und Lehmann übersticht mit Kreuz-As. Er hat jetzt 36 Augen in den Stichen, die ihm gehören. Jetzt spielt Lehmann aus, und zwar den Karo-König. Krause übernimmt mit Karo-Zehn, denn mit Karo-Dame kann er immer noch einen Stich auf Karo-Acht machen, wenn Lehmann zu einem späteren Zeitpunkt Karo-As bringen sollte, auf das er Karo-Neun zugeben würde. Meier hat keine Schmierkarte und um Lehmann in Mittelhand zu bringen, übernimmt er mit Kreuz-Zehn. Meier zieht die Herz-Sieben und Lehmann wirft Karo-Acht ab. Krause schmiert den Pik-König. Nun bringt Meier die Pik-Neun und Lehmann kommt in Bedrängnis. Er kann nun machen was er will, er verliert sein Karo-As. Er übernimmt Pik-Neun mit den Herz-Buben, Krause gibt die Pik-Dame dazu. Nun spielt Lehmann den Kreuz-Buben aus, Krause legt die Karo-Neun zu und Meier bedient mit Kreuz-Sieben. Nun bringt Lehmann Karo-As, Krause bedient mit Karo-Neun und Meier trumpft mit Kreuz-Dame. Lehmann hat nur 43 bekommen und hat gegen Meier und Krause verloren.

DER NULL UND DER NULL-OUVERT

Das Null-Spiel fällt völlig aus dem Rahmen. Es gibt hierbei keine Trümpfe. Auch rangieren die Buben nicht an der Spitze, sondern werden eingeordnet. Auch die Zehn gibt ihre Position hinter dem As auf und nimmt ihren Platz zwischen der Neun und dem Buben ein. Die Reihenfolge der Karten in allen vier Farben stellt sich beim Null-Spiel folgendermaßen dar: As, König, Dame, Bube, Zehn, Neun, Acht, Sieben. Auch unterscheiden die einzelnen Farben sich nicht durch verschiedene Werte, zählen also nicht etwa: Kreuz = zwölf, Pik = elf und so fort.

Beim Null ist es die Aufgabe des Alleinspielers, allen Bemühungen der beiden Gegner zum Trotz, keinen einzigen Stich zu machen. Er muß also immer unter dem Wert der ihm angespielten Karte bleiben oder aber Sorge tragen, daß der dritte Mann höher gehen, also den Stich übernehmen muß. Die niedrigste Karte beim Null ist die jeweilige Sieben, es folgt die Acht, darauf die Neun und so weiter bis zum As. Eine „Null-Karte" haben Sie also dann in der Hand, wenn Sie die einzelnen Farben möglichst geschlossen von unten herauf in der Hand halten. Das würde bedeuten: Sieben, Acht, Neun Zehn . . . Haben Sie aber beispielsweise: Sieben, Neun, Bube, König, so kann Ihnen dann nichts geschehen, wenn Sie nicht am Ausspielen sind. Denn selbst wenn alle übrigen Karten der betreffenden Farbe in einer Hand gegen Sie sitzen, das wären Acht, Zehn, Dame und As, so kann Ihnen doch kein einziger Stich aufgezwungen werden, denn zur Acht geben Sie die Sieben, zur Zehn die Neun, zur Dame den Buben, zum As den König. Sie bleiben also immer drunter.

Weisen Ihre Karten jedoch größere Lücken auf als die eben beschriebenen, so besteht die Gefahr, daß Ihr Null herumgerissen wird. Eine schwache Sitzung ist zum Beispiel: Sieben und Zehn; oder Sieben, Neun, Dame; oder Sieben, Neun König; oder die blanke Acht; oder Acht und Neun; oder eine blanke Neun; oder Acht, Zehn; oder Sieben, Neun, Bube As. Einen lückenhaften Null reizen Sie, wenn überhaupt, nur bis dreiundzwanzig. Sie brauchen ihn dann nämlich nicht „ouvert" zu spielen, also offen, sondern aus der Hand. Weist Ihr Spiel aber keine Schwächen auf, oder nur eine einzige, dann reizen Sie Null-ouvert, wobei Sie bis sechsundvierzig gehen können. Ist Ihr Null-ouvert so gut, daß Sie Ihre Karte durch Aufnehmen des Skats und durch Wegdrücken zweier Karten nicht mehr zu verbessern brauchen, können Sie Null-ouvert aus der Hand reizen, der neunundfünfzig zählt. Und wenn Ihre Null-Karte gar so geschlossen ist, daß Ihre Gegner Sie sogar dann nicht besiegen könnten, wenn sie ihre eigenen Karten untereinander austauschen würden, dann können Sie sogar eine stolze „Revolution" gewinnen, die bis zweiundneunzig gereizt wird.

Das Spiel „Revolution" ist ein offenes Null-Hand-Spiel. Der Skat muß unberührt liegen bleiben, auch der Alleinspieler darf sich nicht daran vergreifen. Die beiden Gegner des Alleinspielers dürfen ihre 20 Handkarten untereinander austauschen. Auch hier spielt, wie bei allen anderen Spielen im Skat, immer Vorhand aus. Wegen des Kartentausches und der unziemlich hohen Bewertung mit 92 Punkten sollte aber so ein Nullspiel nicht gespielt werden. Das folgende Blatt ist nur dann eine Revolution, wenn der Revolutionsspieler nicht in Vorhand ist. Ist er jedoch Vorhand, kann er nicht gewinnen. Hier der Kartensitz.

Karo-Sieben, Neun, Zehn; Herz-Sieben, Neun, Bube (oder Sieben, Acht, Bube); Pik-Sieben, Neun; Kreuz-Sieben, Neun.

Wird nun vom Spieler, der in Vorhand sitzt, Karo, Kreuz oder Pik-Sieben ausgespielt, so wird der eine Gegner, der jetzt alle Gegenkarten auf seiner Hand hält, mit einer hohen Karte übernehmen und die Acht nachspielen. Damit wäre die Revolution schon verloren. Bei dem Kartensitz Sieben, Acht, Bube, wird der Spieler zuerst die Sieben ausspielen, der Gegner wird mit einer hohen Karte übernehmen, wird die Neun bringen, worauf der Spieler mit der Acht darunterbleiben muß, dann kommt die Zehn vom Gegenspieler, und der Bube ist höher, und auch hier ist die Revolution wieder verloren.

Oft genug ist es so, daß etwa Lehmann einen Null-ouvert in der Hand hat, und gleichzeitig Krause oder Meier einen Grand reizt. Das wird Ihnen sogleich klar, wenn Sie bedenken, daß der Null-Spieler bestimmt gut mit niedrigen Karten ausgestattet ist. Es ist also nicht unwahrscheinlich, daß ein anderer viele hohe Karten in der Hand hält, also einen Grand hat, bei dem es ja auf die Buben, Asse und Zehnen ankommt. Reizt einer Grand einfach = achtundvierzig, so können Sie mit Ihrem Null-ouvert nicht mehr landen, da dieser ja nur 46 zählt. Der Gegner hat aber einen Grand mit zweien, kann also bis zweiundsiebzig reizen. Sie wollen Ihren schönen Null-ouvert nicht vom Tisch lassen und reizen „Hand" mit, also neunundfünfzig. Ach, es nützt Ihnen nichts, denn der Grand mit oder ohne zwei zählt mehr! In solchem Falle bleibt Ihnen nur noch zu überlegen, ob Sie es wagen können, Revolution zu spielen. Dann geht das Spiel für zweiundneunzig an Sie.

Hat der Gegner aber etwa: Grand mit dreien, Spiel vier = 96, dann überreizt er Sie, und Sie müssen passen.

Nehmen wir nun einmal an, der Alleinspieler habe einen Null, den er für dreiundzwanzig bekommt, weil niemand mehr bietet. Er hat:

Kreuz-Sieben, Kreuz-Acht, Kreuz-Neun, Pik-Sieben, Pik-Zehn, Herz-Sieben, Herz-Neun, Herz-Bube, Karo-Sieben, Karo-Neun.

Seine schwache Stelle ist also Pik, denn da fehlen ihm Acht und Neun. Als Null-Spiel, bei dem er ja seine Karten nicht aufdecken muß, geht dieses Spiel vielleicht gut. Ein Null-ouvert aber ist riskant. Trotzdem riskiert der Spieler einen Null-ouvert. Im Skat findet er zwei hohe Karten, die er gleich wieder weglegt. Er konnte also sein Spiel nicht dadurch verbessern, daß er etwa einen kleinen Pik fand, der gut hineingepaßt hätte in seine Lücke. Besser hätte er daran getan, mit dieser Karte einen Null-Hand zu spielen. Er ist Mittelhand und muß nun seine Karten offen auf den Tisch legen. Bei allen „offenen" Spielen muß der Alleinspieler alle 10 Karten „offen" auf den Tisch legen. Es wird kein Stich verdeckt gespielt. Seine Gegner entdecken also die Schwäche in Pik und setzen natürlich alles daran, um den Feind in dieser Farbe zu Fall zu bringen. Da gibt es verschiedene Möglichkeiten. Hat Vorhand die Pik-Acht und die Pik-Neun, so muß er danach trachten, daß sein Partner seine Karten der Pik-Farbe auf eine andere Farbe abwerfen kann. Wenn dies gelungen ist, zieht Vorhand zunächst die Pik-Acht. Der Spieler bleibt mit der Pik-Sieben drunter. Dann zieht Vorhand die Pik-Neun, der Spieler muß mit der Pik-Zehn darübergehen. Der Stich fällt also an ihn. Er hat das Spiel verloren!

Sitzen Pik-Acht und Pik-Neun in verschiedenen Händen, muß der Spieler in Mittelhand gebracht werden, damit Hinterhand zum Stechen kommt. Er spielt dann die Pik-Acht aus. Gibt der Alleinspieler seine Pik-Zehn, so gibt Vorhand die Pik-Neun. Der Spieler muß den Stich nehmen. Er hat sein Spiel verloren. Gibt der Alleinspieler auf die angespielte Pik-Acht die Pik-Sieben, wirft Vorhand eine hohe Pik-Karte zu und übernimmt den Stich. Weil er ja die Pik-Neun in der Hand hat, versucht er jetzt, seinem Partner Gelegenheit zum Abwerfen seiner restlichen Pik-Karten zu geben. Dann spielt er seine Pik-Neun aus, der Alleinspieler muß mit der Pik-Zehn darübergehen. Wieder ist sein Null-ouvert verloren.

Wir wollen uns nun einen solchen Spielverlauf genau betrachten. Meier hat gegeben. Die Karten sind folgendermaßen verteilt:

Lehmann hat:

Kreuz-Bube, Karo-Bube, Kreuz-Neun, Kreuz-Acht, Kreuz-Sieben, Pik-Zehn, Pik-Sieben, Karo-Neun, Karo-Acht, Karo-Sieben.

Krause hat:

Pik-Bube, Kreuz-Dame, Pik-König, Pik-Dame, Herz-König, Herz-Neun, Herz-Acht, Herz-Sieben, Karo-As, Karo-König.

Meier hat:

Kreuz-As, Kreuz-Zehn, Kreuz-König, Herz-As, Herz-Dame, Pik-As, Pik-Neun, Pik-Acht, Karo-Zehn, Karo-Dame.

Im Skat liegen: *Herz-Bube, Herz-Zehn.*

Meier und Krause sind mit ihrem Blatt nicht zufrieden. Lehmann hingegen sieht, daß er einen „Null" in der Hand hält. Weil Krause und Meier passen, bekommt Lehmann das Spiel für achtzehn. Er kann also gut einen Null (dreiundzwanzig) spielen, hofft aber, sein lückenhaftes Pik verbessern zu können. Er nimmt den Skat auf, den er überhaupt nicht gebrauchen kann und deshalb gleich wieder weglegt. Er riskiert nun doch lieber keinen Null-ouvert, sondern spielt Null. Da er selbst am Ausspielen ist, ordnet er erst einmal seine beiden Buben in die Farben ein (beim Null sind ja, wie wir bereits wissen, die Buben nicht Trumpf). Auch die beiden Gegner ordnen ihre Buben und Zehnen ein. Lehmann zieht eine „sichere" Karte, also etwa die Karo-Sieben oder die Kreuz-Sieben. Er hat die Kreuz-Sieben hingelegt. Krause geht mit seiner einzigen Kreuz-Karte, der Dame, drüber. Meier übernimmt mit dem Kreuz-As oder dem Kreuz-König. Der Stich gehört ihm. Wenn Meier jetzt eine Herz-Karte auf den Tisch legen würde, hätte Lehmann sein Spiel gewonnen, denn er hat ja kein Herz im Blatt und würde dann natürlich seine lästige Pik-Zehn abwerfen. Meier bringt aber nicht Herz, sondern Kreuz, und zwar den König. (Mit dem Kreuz-As übernahm er den Stich). Lehmann bleibt mit dem Kreuz-Buben drunter. Krause, der kein Kreuz mehr hat, wirft den Pik-König weg.
„Aha", denkt Meier — „Mein Partner wirft Pik ab. Da werde ich gleich nochmals Kreuz spielen, damit Krause weiter abwerfen kann!" Meier zieht also die Kreuz-Zehn. Lehmann gibt die Kreuz-Neun zu, Krause wirft die Pik-Dame ab. Was nun? Kreuz kann Meier nicht mehr bringen, weil er keins mehr hat. In der Hoffnung, daß Krause seine Pik-Karten losgeworden ist, spielt Meier jetzt seine Pik-Acht. Lehmann bleibt mit der Pik-Sieben drunter. Krause, der ja noch den Pik-Buben hat, übernimmt mit diesem. Jetzt muß er versuchen, seinen Partner wieder ans Spiel zu bringen. Mit Karo geht es nicht, denn da hat er die beiden höchsten. Also zieht er einen kleinen Herz, die Herz-Sieben. Meier übernimmt mit der Herz-Dame. Er hofft, daß Lehmann den Herz-König hat und mit diesem übernehmen muß.

Dann wäre der Null für Meier und Krause gewonnen. Aber Lehmann hat kein Herz. Er wirft schleunigst seine lästige Pik-Zehn weg. Und jetzt kann er seine Karten hinlegen. Er hat den Null gewonnen!
Selbst wenn er einen Null-ouvert gespielt hätte, bei dieser für ihn günstigen Sitzung wäre sein Spiel nicht umzuwerfen gewesen.
Jetzt noch einmal das Spiel, diesmal aber mit anderer Kartenverteilung.

Lehmann hat dieselben Karten wie zuvor.

Krause hat:

Pik-Bube, Kreuz-Dame, Pik-Dame, Herz-König, Herz-Neun, Herz-Acht, Herz-Sieben, Karo-As, Karo-König, Karo-Dame.

Meier hat:

Kreuz-As, Kreuz-Zehn, Kreuz-König, Pik-As, Pik-König, Pik-Neun, Pik-Acht, Karo-Zehn.

Wieder zieht Lehmann seine Kreuz-Sieben. Krause geht mit der Kreuz-Dame darüber. Meier übernimmt mit seinem Kreuz-König. Wenn er jetzt seine „blanke" Karo-Zehn auf den Tisch legt, gewinnt Lehmann sein Spiel, denn er bleibt mit einem kleinen Karo drunter. Krause muß übernehmen. Karo kann er nicht wieder anrühren, denn dann kommt er nicht los, weil er die drei höchsten Karos in der Hand hat. Bringt er Herz, wirft Lehmann darauf seine Pik-Zehn weg, weil er ja kein Herz zum Bedienen hat. Nehmen wir also an, Meier zieht nicht Karo, sondern bringt wieder Kreuz, und zwar erstmal die Zehn. Lehmann bleibt mit der Kreuz-Neun drunter. Krause wirft die Pik-Dame ab. Jetzt spielt Meier auch noch sein Kreuz-As. Lehmann bleibt mit dem Kreuz-Buben drunter. Krause wirft den Pik-Buben ab. Jetzt zieht Meier die Pik-Acht. Lehmann bleibt mit der Pik-Sieben drunter. Krause wirft irgendeine Karte dazu, ganz gleich, welche. Jetzt kommt Meier mit der Pik-Neun. Lehmann muß mit seiner Pik-Zehn darüber gehen. Der Stich fällt an ihn, er hat seinen Null verloren!
Wie aber sieht nun ein fast sicherer Null-Ouvert aus? Krause hat einen solchen in der Hand. Null kann er nicht mehr spielen, weil er weiter als bis dreiundzwanzig gereizt hat. Nach Aufnahme des Skats und nach dem Wegdrücken zweier Karten hat er:

Kreuz-Neun, Kreuz-Sieben, Pik-Acht, Pik-Sieben, Herz-Neun, Herz-Sieben, Karo-As, Karo-Bube, Karo-Neun, Karo-Sieben,

In Kreuz, Pik und Herz kann ihm nichts geschehen. In Karo jedoch ist er umzulegen, falls einer der Gegner alle übrigen vier Karo-Karten gegen ihn hat! Ist aber bei einem Gegner ein Karo, dann können ihm die übrigen drei Karos beim anderen Gegner nicht mehr gefährlich werden. (Beim Null-Spiel gibt es von jeder Farbe acht Karten, weil ja die Buben einrangieren.) Nehmen wir also diesen ungünstigen Fall an, daß die vier Karos in einer Hand dagegen sitzen. Wieder ist Lehmann der Spieler. Diesmal ist Krause Vorhand. Lehmann muß seine Karten offen hinlegen, denn er spielt ja Null-ouvert, was bedeutet, daß der Spieler seine Karten sofort aufdecken muß. (Die Gegner decken ihre Karten jedoch *nicht* auf!) Meier sieht nun sofort die schwache Stelle in Lehmanns Null-ouvert, denn er selbst hat gar kein Karo. Er muß also seinen Freund Krause ans Spiel bringen. Er legt die Herz-Acht hin. Lehmann bleibt mit der Herz-Sieben drunter. Krause spielt die Karo-Zehn. Meier wirft ab, Lehmann bleibt mit der Karo-Neun drunter. Jetzt spielt Krause die Karo-Dame. Meier wirft wiederum ab, Lehmann bleibt mit dem Karo-Buben drunter. Und nun spielt Krause den Karo-König. Meier wirft ab. Lehmann muß mit seinem Karo-As den Stich nehmen. Sein Null-ouvert ist verloren!

Hat einer einen sicheren Null-ouvert, aber in einer Farbe die blanke Acht, dann kann er sein Spiel riskieren, falls er in Vorhand ist, also selbst ausspielt. Er zieht dann nämlich sofort die blanke Acht. Es wäre schon ein sehr unglücklicher Zufall, wenn einer seiner Gegner sämtliche Karten in dieser Farbe dagegen hätte. Ein Gegner kann nun zwar mit der Sieben drunter bleiben, aber der andere muß den Stich mit einer höheren Karte übernehmen.

Und warum geht das nicht geradeso gut, wenn der Spieler in Mittel- oder Hinterhand sitzt? Er muß ja sein Blatt aufdecken. Seine Gegner erspähen die schwache „Acht". Sie bemühen sich nun, so zu spielen, daß ein Gegner alle Karten in dieser Farbe abwerfen kann. Ist dies geschehen, spielt der andere Gegner seine Sieben. Der Spieler muß mit der Acht draufgehen. Er bleibt auf dem Stich sitzen. Sein Null-ouvert ist verloren!

Mit einer solchen blanken Acht in irgendeiner Farbe kann der Spieler aber Null-Hand spielen. D. h. er nimmt den Skat nicht auf. Das Spiel zählt dann, falls er gewinnt, fünfunddreißig. Bei Null-Hand braucht er ja nicht aufzudecken. Er hat also die Chance, seine blanke Acht auch dann loszuwerden, wenn er nicht selbst am Ausspielen ist.

Und wie steht es mit der „Revolution"? Sie entsinnen sich, das war ein Null, der bis zweiundneunzig gereizt werden darf. Der Spieler muß dann, ohne den Skat aufgenommen zu haben, sein Blatt *sofort* auf den Tisch legen. Und nicht nur das – seine Gegner dürfen ihre eigenen Karten untereinander austauschen. Ist auch dann der Spieler nicht „umzulegen", hat er seine Revolution gewonnen. Eine sichere Revolution kann so aussehen:

Pik-Zehn, Pik-Neun, Pik-Acht, Pik-Sieben, Herz-Neun, Herz-Sieben, Karo-Dame, Karo-Zehn, Karo-Acht, Karo-Sieben.

Probieren Sie selbst aus: verteilen Sie die übrigen Karten, wie Sie wollen – der Spieler ist nicht umzulegen!

Wie verhalten wir uns beim Null, der ja bestimmt schwache Stellen hat? Da zeigt ein Gegner am besten sofort seine kürzeste Farbe, nämlich die, von der er nur ein Blatt hat, höchstens zwei Karten. Angenommen, Meier zieht seinen blanken Kreuz-König. Lehmann übernimmt mit dem Kreuz-As, wenn er's hat. Krause, der Null-Spieler, gibt seinen höchsten Kreuz, etwa die Zehn, dazu. Sieht Lehmann nun an seiner Karte, daß Krause in Kreuz wahrscheinlich zu legen ist, dann spielt er gleich die Sieben, falls er sie hat: Krause muß mit der Acht drübergehen. Meier, der kein Kreuz mehr hat, wirft ab. Und schon hat Krause seinen Null verloren! Nimmt Lehmann aber an, daß bei Meier noch ein Kreuz sitzt, so spielt er nicht sofort die Kreuz-Sieben, sondern erst noch etwa die Dame. Darauf kann Meier nun seinen letzten Kreuz wegwerfen. Jetzt kommt Lehmann mit der Sieben. Wieder hat Krause seinen Null verloren.

Wenn Meier aber aus seiner Karte sieht, daß mit Kreuz nichts zu machen ist, weil alle niedrigen Kreuze beim Spieler sitzen, dann geht er auf Meiers Angebot nicht ein, sondern zeigt, nachdem er den ersten Stich übernahm, nun seinerseits die Farbe, in der er glaubt, den Spieler umwerfen zu können. Hat er eine solche nicht, spielt er Kreuz weiter, weil er sehen will, was sein Partner nun auf Kreuz wegwirft. Er kann solange Kreuz spielen, als der Gegner noch Kreuzkarten hat. Meier hat derweile immer weiter abgeworfen, vielleicht alle seine Karos. Lehmann hat die Karo Acht und die Karo-Neun. Er spielt nun eine von den beiden. Beim ersten Stich muß er mit der Zehn übernehmen. Verloren!

Es ist eine alte Erfahrung, daß es für jeden Spieler beim Null-Spiel selten, ja fast nie ein Fehler ist, wenn er am Anspiel ist oder ans Spiel gebracht wurde, eine „acht" zu spielen, nicht jedoch eine „7". Sehr häufig ist nämlich der Einzelspieler beim Null-Spiel gezwungen, eine „blanke 9" zu halten, die er sobald er Gelegenheit hat, auf eine andere Farbe abwirft, was er aber nicht kann, wenn ihm gleich die „8“ von dieser Farbe vorgesetzt wird, und der andere Gegner die 7 führt. – Der Spieler, der eine „7“ führt, darf diese nicht ohne weiteres bringen, da ja nicht feststeht, ob sein Partner auch die „8“ führt.

DER RAMSCH

Mitunter kommt es vor, daß die Karten derart verteilt sind, daß keiner ein auch nur halbwegs aussichtsreiches Spiel in der Hand hat. Meier besieht sich kopfschüttelnd sein Blatt und sagt: „Ich passe“. Lehmann, der nicht besser dran ist, verzichtet ebenfalls aufs Reizen. Krause wird sich jetzt zwar sagen: „Wenn Meier und Lehmann kein Blatt haben, wenn auch meine Karten keinen Spielerfolg versprechen, dann müßte eigentlich noch etwas Gutes im Skat liegen“. Aber darauf mag er sich dann doch nicht verlassen. Er bietet also nicht achtzehn, sondern paßt ebenfalls.

Was geschieht jetzt? Werfen die Partner, ihre Karten zusammen und geben aufs Neue, weil kein Spiel zustande kam? Ja, nach der Skatordnung gibt der nächste Karten. Niemals darf in einem solchen Fall vom gleichen Kartengeber noch einmal gegeben werden. Vielerorts wird aber dann *Ramsch**) gespielt. Dabei kommt es darauf an, zum Schluß möglichst wenig Augen in seinen Stichen zu haben. D. h.: wer die meisten Augen hat, ist Verlierer. Der Ramsch ist also eigentlich eine Strafe für den, der sich trotz eines halbwegs brauchbaren Blattes nicht zu reizen getraut. Oder anders ausgedrückt: das relativ beste Spiel bringt wahrscheinlich den Verlust mit sich. Beim Ramsch sind die Buben die höchsten Trümpfe. Die jeweils ausgespielte Farbe muß bedient werden. Wer nicht bedienen oder übernehmen kann, wirft ab oder sticht mit einem Buben. Vorhand zieht also eine Karte. Am gescheitesten ist es, wenn er eine solche nimmt, die er blank hat oder nur einmal besetzt. Ist er nämlich eine Farbe losgeworden, kann er, wenn diese wieder auf den Tisch kommt, hohe Karten in der Fehlfarbe darauf abwerfen.

Meier, der am Ausspielen ist, legt die Pik-Neun hin, die er blank hat. Lehmann hat die Pik-Acht, Krause die Pik-Sieben. Es wäre nun sehr unklug, wollten beide ihre niedrigen Pik-Karten wegwerfen, denn dann säßen sie mit den hohen da. Kommt Lehmann beispielsweise später mit dem Pik-König, muß Krause mit der Pik-

*) Ramsch ist kein offizielles Spiel des Deutschen Skatverbandes.

Zehn übernehmen. Und weil Meier ja kein Pik mehr hat, wirft er dann ein As in der Fehlfarbe zu. Da ist es schon besser, wenn Krause gleich mit der Pik-Zehn übernimmt. Das bringt ihm zwar unerwünschte Augen ein, wird aber immer noch billiger, als wenn er später auf seiner Zehn sitzenbleibt und ein Fehlfarben-As dazunehmen muß. Wer also beim Ramsch zunächst darauf aus ist, keine Augen einzuheimsen, und demgemäß immer möglichst mit niedrigen Karten unter dem Angebot eines seiner Gegner bleibt, der sitzt nachher auf den hohen Karten fest und hat im Handumdrehen soviele Augen in seinen Stichen, daß er der Verlierer ist.

Beim Ramsch gibt es keine Partnerschaft, jeder spielt für sich allein! Und wie ist es nun mit den Buben? Oft liegt einer im Skat, wenn es nicht gar zwei sind. Das ist ja erklärlich, denn gerade der Mangel an hohen Trümpfen ist die Voraussetzung für ein Ramsch-Spiel, bei dem alle Spieler passen. Man kann sich also nicht unbedingt darauf verlassen, daß man Asse und Zehnen, die einem in der Hand übriggeblieben sind, auf die Buben los wird, die ja einmal auf den Tisch kommen müssen. Hat ein Spieler den ältesten Buben, so spielt er ihn am besten bald aus, ehe einer der Gegenspieler seinen Herz- oder Pik-Buben billig verstochen, d. h. mit ihm einen Stich übernommen hat, der wenig Augen enthält, und den er nicht mehr bedienen konnte. Kommt der älteste Bube rechtzeitig auf den Tisch, so hat der Ausspieler die Chance, daß jeder Gegner einen Buben dazuwirft. Das sind dann nur sechs Augen für denjenigen, dem der Stich gehört.

Außerdem muß jeder Spieler achtgeben, daß die Gegner nicht ihre kurzen Farben loswerden, denn in einem solchen Falle würde es ihm passieren, daß er sogar auf niedrige Karten dicke Stiche übernehmen muß. Zum Beispiel: Kreuz ist zweimal gespielt worden Lehmann übernimmt einen Kreuzstich und wechselt die Farbe. Krause kann drunterbleiben, Meier, der kein Kreuz mehr hat, entledigt sich einer hohen Karte in der Fehlfarbe. Das ist natürlich schlecht. Da ist es schon besser, den ersten Kreuzstich zu übernehmen und dann gleich mit niedriger Kreuz-Karte wiederzukommen. Wer sich also nicht scheut, auch augenreiche Stiche am Anfang zu übernehmen, der steht am Ende gut da!

Eine Strafe ist der Ramsch für die sogenannten „Maurer". Das sind diese unfairen Spieler, die nur ganz sichere Spiele reizen, im übrigen aber von vornherein passen, in der Hoffnung, den Alleinspieler dann hereinzulegen. So ein Maurer, der nicht einmal achtzehn bietet, rechnet ja nicht damit, daß die beiden anderen Spieler passen. Geschieht dies aber, so sitzt der Maurer mit seinem relativ guten

Spiel da und wird höchstwahrscheinlich den Ramsch dadurch verlieren, daß er am Ende die meisten Augen hat.
Statt des einfachen Ramsches wird häufig auch der „Schiebe-Ramsch" gespielt. Zuerst wird gefragt, ob einer der Spieler einen Grandhand spielen will, denn ein solches Spiel geht in der Regel immer vor. Wird diese Frage allgemein verneint, nimmt Vorhand den Skat auf und tauscht ihn gegen seine beiden höchsten Karten ein, oder gegen die, die ihm gefährlich erscheinen.
Er kann natürlich auch den Skat, wenn dieser sehr hoch ist, wieder weglegen. Gleichviel, die beiden weggelegten Karten schiebt er verdeckt Mittelhand zu. In der Regel wird bei Skatspielern ausgemacht, daß Buben nicht weitergeschoben werden dürfen, selbst wenn man sie im Skat gefunden haben sollte. Es gibt jedoch Ausnahmen und in diesem Falle muß man vor Beginn der Skatrunde feststellen, wie gespielt werden soll. Der Ausspieler nimmt sie auf, tauscht sie entweder gegen zwei unbequeme Karten des eigenen Spiels aus, oder besieht sie sich und gibt sie verdeckt an Hinterhand weiter. Oder er tauscht eine Karte aus und nimmt dafür auch nur eine aus den ihm zugeschobenen Karten an sich. Hinterhand darf nun ebenfalls austauschen. Endlich werden die beiden Karten, die er nicht haben will, abgelegt. Am Ende des Ramsch- oder Schiebe-Ramschspiels zählt jeder Spieler seine in den Stichen enthaltenen Augen zusammen. Es entsteht öfters eine Debatte, wer die gedrückten beiden Karten zugesprochen erhält. In der Regel bekommt derjenige, der sowieso die meisten Augen hat, auch noch den Blinden (die gedrückten beiden Karten) zugesprochen. Es gibt jedoch auch Skatspieler, die der Meinung sind, wer den letzten Stich macht, muß den Blinden an sich nehmen. Auch hier wieder muß man vor Beginn des Spieles mit seinen Partnern absprechen, welche Regelung man treffen will. Angenommen, Meier hat zweiundachtzig, Lehmann hat zwölf, Krause hat sechsundzwanzig. Meier hat also den Ramsch verloren. (Die im Skat enthaltenen Augen werden immer dem Verlierer zugerechnet.) Meier bekommt also zweiundachtzig Minuspunkte angeschrieben.
Ganz schlimm ist es, wenn einer der Spieler beim Ramsch überhaupt keinen Stich erhalten hat. Er ist dann, wie es im Skatjargon heißt, „Jungfer". Dann bekommt der Verlierer seine Augen doppelt angeschrieben. Hätte also Meier zweiundachtzig Minuspunkte, Lehmann wäre Jungfer, Krause hätte achtunddreißig Augen in seinen Stichen, so müßte Meier sich zweimal zweiundachtzig Minuspunkte = einhundertvierundsechzig abschreiben lassen.
Es gibt noch eine andere Art, den Schiebe-Ramsch zu verteuern. Wenn ein Spieler den Skat oder die ihm zugeschobenen zwei Karten nicht aufnimmt und diese unbesehen weitergibt, verdoppelt sich die

verlorene Augenzahl. Wenn zwei Spieler geschoben haben, vervierfacht sich die Augenzahl. Sehr wahrscheinlich hat der Schiebe-Ramsch daher seinen Namen.
Wann ein Schiebe-Ramsch gespielt wird, bleibt der Abmachung der einzelnen Spieler überlassen. Meistens entsteht eine Runde Schiebe-Ramsch nach einem 60/60 Spiel, nach einem verlorenen Grand-Hand, oder auch am Ende eines Skatabends. Gerade bei der Frage, wann Schiebe-Ramsch gespielt wird, treten wohl die häufigsten Ansichten auf. Es gibt Skatspieler, die generell ablehnen, Schiebe-Ramsch zu spielen.
Manchmal wird auch so gespielt, daß die „Jungfer" zwar Stiche haben darf, es dürfen aber keine Augen darin enthalten sein. Das ist eine Sache der jeweiligen Vereinbarung.
Nun hat auch der „Maurer", der auf sein relativ hohes Blatt paßte, noch eine Chance. Er kann nämlich einen „Durchmarsch" versuchen. Besonders beim Schieberamsch hat er damit oft Glück. Er drückt dann nämlich keine hohen Karten weg, sondern niedrige, in der Hoffnung, sämtliche Stiche an sich zu bringen. Gelingt es ihm, alle Stiche zu übernehmen, also einen Durchmarsch zu machen, dann bekommt er hundertzwanzig Pluspunkte angeschrieben. (Wir wissen ja, daß alle im Spiel enthaltenen Augen in ihrer Summe einhundertzwanzig ergeben!)
Freilich muß derjenige, der einen Durchmarsch versucht, sehr geschickt vorgehen. Merken die Mitspieler nämlich seine Absicht, so werden sie alles dransetzen, ihm einen Stich abzunehmen. Dann hat er den Durchmarsch nicht geschafft, bleibt auf seinen hohen Stichen sitzen, und diese werden unter Minus verbucht.
Der Durchmarschspieler zieht also nicht gleich seine Asse, sondern, wenn er von einer Farbe As, Zehn und König hat, erstmal den König. Und mit den Buben, die er bestimmt hat, kommt er auch nicht gleich heraus, zumindest nicht mit zweien hintereinander. Er kann ja abwarten; die Stiche, die ihm die Buben einbringen, sind ihm ohnehin sicher. Klug ist es, beim Durchmarsch die längste Farbe anzuspielen. Da kann vielleicht einer nicht mehr bedienen und wirft natürlich Asse in den Fehlfarben ab. Die sind nun also weg und können keine Stiche mehr machen. Dadurch werden die Zehnen des Durchmarschspielers hoch, und das ist ja genau das, was er will, denn er darf keinen Stich abgeben. Bis seine Gegenspieler gemerkt haben, worauf er hinaus will, muß er möglichst so manipuliert haben, daß die hohen Karten der Gegenspieler bereits abgeworfen sind, so daß diese nun beim besten Willen keinen Stich mehr übernehmen können. Aber Mut gehört dazu, denn — wie gesagt — ein einziger Stich bei den Gegenspielern, und der Durch-

marsch ist mißglückt. Und das wird dann sehr teuer für den Verlierer!
Sie sehen, daß der Ramsch eine ähnliche Sonderstellung im Skat einnimmt wie der Null. Und jetzt haben Sie schon begriffen, warum der Skat mit allen seinen Möglichkeiten so reizvoll ist, daß er das meistgespielte Kartenspiel Deutschlands geworden ist.

DAS GRAND-SPIEL

Beim Erlernen des Reizens haben wir bereits ein paar Grand-Spiele durchgeführt. Jetzt wollen wir uns eingehend mit diesem Spiel, befassen bei dem — wie Sie sich erinnern werden — die Buben Trumpf sind, während die Farben bedient werden müssen. Ein gutes Grand-Blatt sollte also Buben aufweisen, sowie Asse und Zehnen. Auch ohne Buben läßt sich ein Grand gewinnen, wenn das übrige Blatt „voll" ist, also Asse, Zehnen und möglichst auch noch Könige in geschlossener Reihenfolge aufweist. Allerdings kann man mit einem Grand ohne Buben auch jammervoll „baden gehen". Ein solches Spiel wollen wir jetzt einmal miteinander durchführen. Sie sitzen auf Krauses Platz und halten in der Hand:

> *Kreuz-As, Kreuz-Zehn, Kreuz-König, Pik-As, Pik-Zehn, Herz-As, Herz-Zehn, Karo-As, Karo-Zehn, Karo-König.*

Fürwahr, ein stolzes Blatt! denken Sie. Zweiundneunzig Augen habe ich in der Hand, da kann gar nichts schiefgehen! Sie verzichten also darauf, den Skat aufzunehmen und spielen Grand-Hand. Das Spiel kann gutgehen, es kann aber auch verloren werden. Auf den Sitz der übrigen Karten kommt es an. Im Skat liegen Pik-Sieben und Herz-Dame. Lehmann hat:

> *Pik-Bube, Karo-Bube, Kreuz-Dame, Kreuz-Neun, Pik-König, Pik-Dame, Pik-Neun, Pik-Acht, Karo-Acht, Karo-Sieben.*

Meier hat:

> *Kreuz-Bube, Herz-Bube, Kreuz-Acht, Kreuz-Sieben, Herz-König, Herz-Neun, Herz-Acht, Herz-Sieben, Karo-Dame, Karo-Neun.*

Bei diesem Kartensitz geht Ihr schönes Grand-Spiel unweigerlich verloren, ob Sie es glauben oder nicht. Ganz gleich, wer am Anspielen ist. Nehmen wir an, Lehmann sei Vorhand. Er spielt Ihnen eine Karte seiner längsten Farbe an, also Pik. Er bietet die Pik-Neun. Sie übernehmen mit dem Pik-As. Meier, der kein Pik hat, in dieser Farbe also nicht bedienen kann, sticht mit seinem Herz-Buben. Dreizehn Augen haben die Gegner also bereits unter Dach und Fach. Jetzt sagt sich Meier: Ich habe eine lange Herz-Farbe, vielleicht kann mein Mitspieler stechen. Gegen die Regel, daß man dem Freunde möglichst kurz anspielen soll, bringt er also jetzt Herz auf den Tisch, und zwar den König. Tatsächlich hat Lehmann kein Herz. Er überlegt: Wenn mein Mitspieler das Herz As hätte, so wäre es gleich von ihm angeboten worden. Er hat es nicht, also sitzt es bei unserem Gegner. Ich werde also auf alle Fälle mit einem Buben stechen, denn Herz habe ich ja nicht. (Hätte er eine Herz-Karte, so müßte er selbstverständlich bedienen.) Er geht mit seinem Karo-Buben auf den Herz-König. Sie müssen Ihre schöne Herz-Zehn zugeben. Ihre Gegenspieler haben nun schon neunundzwanzig Augen in ihren beiden Stichen.

Jetzt ist Lehmann wieder am Spiel. Selbstverständlich kommt er wieder mit Pik. Er zieht den König. Sie müssen Ihre Pik-Zehn zugeben. Meier sticht mit dem Kreuz-Buben. Die Gegner haben schon fünfundvierzig Augen. Jetzt kommt Meier wieder mit Herz. Er legt die Herz-Neun auf den Tisch. Und Lehmann, um das Herz-As zu fangen, setzt seinen Pik-Buben vor. Sie müssen Ihr Herz-As hergeben. Die Gegner haben jetzt neunundfünfzig Augen. Und noch einmal spielt Lehmann Pik. Er weiß ja, daß Pik-As, Pik-Zehn und Pik-König schon gefallen sind. Und die vier Buben ebenfalls. Seine Pik-Dame ist also „hoch", d. h. sie kann nicht überboten werden. Und eingestochen kann sie auch nicht werden, denn die Buben sind ja weg. Lehmann bietet Ihnen also seine Pik-Dame an. Sie müssen abwerfen, und geben den Karo-König oder den Kreuz-König. Lehmann gibt seine Karo-Dame dazu. Und damit ist „der Sack zugebunden", d. h. Ihre Gegner haben das Spiel mit fünfundsechzig Augen gewonnen, ehe Sie überhaupt nur einen einzigen Stich heimgebracht haben! Welch ein Pech! Immerhin haben Sie aus Ihrem Unglück eine grundlegende Erkenntnis gewonnen, nämlich diese: auf den Sitz der Karten kommt es an. Oder, anders ausgedrückt: Gewinn und Verlust hängen in hohem Maße davon ab, wie die übrigen Karten bei den Gegnern verteilt sind. Übrigens verlieren Sie das eben durchgeführte Spiel auch dann, wenn Sie selbst in Vorhand, also am Ausspielen sind. Wahrscheinlich bringen Sie dann erstmal ein paar Stiche heim, aber irgendwann müssen Sie ja die Farben anfassen, die beim einen und anderen Gegner nicht vorhanden sind. Dann wird gestochen. Und der Spielverlauf ist so, wie oben demonstriert wurde.

Auch vor folgendem Grand, der auf den ersten Blick bestechend aussieht, warne ich, sofern Sie nicht in Vorhand sitzen. Sie halten in der Hand:

Pik-Bube, Herz-Bube, Kreuz-As, Kreuz-Zehn, Kreuz-Dame, Herz-Zehn, Karo-As, Karo-Zehn, Karo-König, Karo-Sieben.

Also kein Pik. Sie reizen Grand, in der Hoffnung, Ihre blanke Zehn in Herz dann wegdrücken zu können oder sogar das As dazu zu finden. Im Skat liegen Herz-Dame und Kreuz-Sieben. Sie behalten die Kreuz-Sieben und legen Herz-Zehn und Herz-Dame weg. Jetzt wird Ihnen das Herz-As angespielt. (Beim Grand gilt die Regel, daß man dem Spieler Asse anbietet. Kann er bedienen, ist es gut. Hat er die Farbe nicht, ist es fast noch besser. Er muß dann einen Buben opfern und stechen, denn so ein As kann er ja nicht vom Tisch gehen lassen, zumal er befürchten muß, daß ihm dann immer weiter die Farbe, die er nicht hat, vorgespielt werden würde.) Sie gehen also mit Ihrem Pik-Buben oder dem Herz-Buben übers As. Der Stich gehört Ihnen. Sie sind am Ausspielen und ziehen das Karo-As. Einer der Gegenspieler hat kein Karo. Er sticht mit dem Karo-Buben. Und jetzt hat er noch den Kreuz-Buben, kann also Ihren Pik-Buben, der ja unter Kreuz rangiert, „abholen". Und jetzt kommen die Gegner Ihnen unentwegt mit Pik und Karo. Sie müssen abwerfen, weil Sie ja keinen Buben mehr zum Stechen haben. Können Sie sich vorstellen, wie der Grand Ihnen kaputtgemacht wird? Sie sollten also, besonders als Anfänger, einen Grand mit nur zwei Farben „von oben herunter" nur dann riskieren, wenn Sie die Buben abholen können, oder allenfalls, wenn Sie in Vorhand sitzen und eine geschlossene Karte haben. In diesem Falle spielen Sie keinen Buben an, sondern beginnen mit dem As einer Ihrer langen Farben. Dann dürfen Sie unbesorgt Ihre langen Farben abspielen, niemand kann Ihnen mit den Fehlfarben Ärger bereiten, weil ja keiner übernehmen kann, wenn die Buben aus dem Spiel sind.

Haben Sie also den ältesten Buben, den Herz- und Karo-Buben, dann kann Ihnen beim Zweifarben-Grand nichts geschehen, gleichviel , ob Sie am Ausspielen sind oder nicht. Spielen Sie selbst aus, dann holen Sie natürlich sofort den Buben ab, der noch „draußen" ist. Sie ziehen den ältesten, der Pik-Bube muß fallen. Und jetzt ist Ihr Spiel schon gewonnen. Sie spielen seelenruhig von oben runter. Die Gegner bekommen graue Haare dabei, denn – wenn sie zuerst auch nur Luschen wegwerfen – bald müssen sie Augen hergeben. Sie schaffen es nicht einmal, aus dem Schneider zu kommen. Und wenn Sie nicht am Ausspielen sind, kann auch nichts passieren. Kommt ein Gegner mit der Farbe, die Sie haben, gehen Sie mit Ihrem As darüber. Schlimmstenfalls hat der andere Gegner die

Farbe nicht und sticht, weil der Bube, der allein nicht bei Ihnen sitzt, in seiner Hand ist. Jetzt kann er kommen, wie er will, Sie übernehmen oder stechen. Und nun kann wiederum nichts mehr schiefgehen.

Diese kleine Lektion im Grand-Spiel mag genügen. Alles übrige lernen Sie in der Praxis, wie ich Ihnen überhaupt nicht warm genug empfehlen kann, guten Skatspielern zuzusehen. Mit den Kenntnissen, die Sie aus diesem Buch gewinnen, und mit der praktischen Anschauung dazu, werden Sie es bald zu der gewünschten Perfektion bringen. Sie dürfen also wagen, sich als Partner anzubieten. Daß Sie ab und zu noch Fehler machen, kann freilich nicht ausbleiben. Diese Fehler sind dann das Lehrgeld, das ja schließlich jeder einmal bezahlen mußte. Und wenn die Mitspieler mit Ihnen schelten – nehmen Sie es gelassen hin. Auch mit den Mitspielern wurde einst geschimpft, dessen dürfen Sie sicher sein!

DAS FARBENSPIEL

Beim Farbenspiel kommt es darauf an, eine Anzahl Trümpfe in der Hand zu halten und dazu eine einigermaßen gute Nebenkarte. Es genügt z. B. nicht für ein Kreuz-Spiel, daß Sie etwa sechs gute Trümpfe haben und dazu in den Fehlfarben vier Luschen. Auf die Luschen geben Sie unter Umständen soviele Augen ab, daß Sie allein dadurch schon das Spiel verlieren. Und jetzt stellen Sie sich nur vor, daß die fünf Trümpfe, die ja noch „draußen" sind (elf Trümpfe hat das Farbenspiel) alle in einer Hand gegen Sie sitzen! Sie bekommen dann sicher ein Contra (auf das wir später zu sprechen kommen), und nun können Sie sich drehen und wenden, wie sie wollen — das Spiel geht ins Auge!

Ein wirklich gutes Farbenspiel sieht so aus:

Pik-Bube, Herz-Bube, Kreuz-Zehn, Kreuz-Dame, Kreuz-Acht, Kreuz-Sieben, Pik-As, Pik-Zehn, Herz-As, Karo-Acht.

Auch bei schlechter Sitzung ist es kaum zu verlieren.

Selbst wenn Sie die blanke Acht in Karo teuer abgeben müssen, d. h. auf Karo-As und Karo-Zehn bei den Gegnern, so haben diese damit doch erst einundzwanzig Augen. Und wenn Ihnen auch noch ein Pik-Stich dadurch verlorengehen sollte, daß ein Gegenspieler kein Pik hat und das Pik, das sein Partner Ihnen anbot, und das Sie mit mindestens der Zehn übernehmen mußten, wegsticht, ist noch nichts verloren. Er kann ja nun nicht wieder mit Pik kommen. Spielt er Karo, gehen Sie mit einem Trumpf drauf, etwa mit der

Kreuz-Dame. Spielt er Herz, übernehmen Sie mit dem blanken Herz-As. Es ist so gut wie ausgeschlossen, daß beim Gegner kein Herz sitzt und daß er sticht. Denn so viele Herzen in einer Hand gegen Sie – das hätte bedeutet, daß der Spieler sein Herz ausgereizt hätte. Auch wenn er nur den ältesten Buben dazu gehabt hätte, also nur „einfach" bis zwanzig hätte reizen können, so hätten Sie ja gewußt: „Aha, da sitzt alles in Herz gegen mich. Und dann hätten Sie entweder nicht weiter gereizt oder aber – was man für gewöhnlich nicht tut, das blanke Herz-As gedrückt. Oder, wenn das nicht ging, weil Herz im Skat lag, lieber das Herz-As weggelegt und einen kleinen Herz behalten.

Allerdings müssen Sie auf Trumpf einen Stich oder zwei Stiche abgeben. Sie ziehen also den Pik-Buben oder den Herz-Buben, in der Hoffnung, daß einer der Gegner das Trumpf-As dazuwirft und der andere dann mit dem ältesten Buben übernimmt, weil er das As ja nicht vom Tisch läßt. Aber auch wenn der älteste Bube und das Trumpf-As in einer Hand sitzen, geben Sie nicht mehr als zwei Trumpfstiche ab. Probieren Sie es selbst aus.

Ein solches Kreuz-Spiel wie das obige, wird also in jedem Falle ausgereizt werden und kann nur bei allerunglücklichstem Kartensitz oder bei schlechtem Spiel seitens dessen, der Kreuz spielt, verlorengehen. Ein gewisses Risiko ist immer dabei, denn die wirklich „todsicheren" Spiele sind selten. Aber gerade im Risiko liegt der Reiz. Ein Spiel, bei dem der Skatverstand wirklich gebraucht wird, macht mehr Spaß als so eins, das man im Skatjargon als „Kutscher", „Chauffeur", oder „Großmutter" bezeichnet, als eines also, das nicht umzulegen ist.

Schließlich wäre noch ein Wort zu sagen über das Sieben-Trumpf-Spiel, das nämlich sehr gefährlich werden kann, wenngleich es auf den ersten Blick auch verführerisch aussieht. Wie so ein Sieben-Trumpf-Spiel in „die Binsen" gehen kann, will ich im folgenden demonstrieren:

Der Spieler, der nicht in Vorhand ist, hält in der Hand:

Pik-Bube, Herz-Bube, Kreuz-Zehn, Kreuz-Dame, Kreuz-Neun, Kreuz-Acht, Kreuz-Sieben, Pik-As, Pik-Zehn, Pik-Sieben.

Vorhand zieht Pik-König. Der Spieler geht mit dem Pik-As drauf. Hinterhand hat kein Pik und sticht mit dem Trumpf-As. Die Gegner haben also schon sechsundzwanzig Augen. Derjenige, der den Stich genommen hat, spielt nun seinen einzigen, ihm noch verbliebenen Trumpf, nämlich den Kreuz-König. Er tut das aus zwei Gründen. Einmal will er seinem Partner zeigen, daß er nun keine Trümpfe mehr hat, und außerdem hofft er, daß sein Partner übernehmen kann, um wieder mit Pik zu kommen. Genau so geschieht es. Der Partner geht mit dem Kreuz-Buben darüber, der Alleinspieler muß einen kleinen Kreuz dazugeben. Das sind vierunddreißig Augen für die Gegner. Jetzt zieht Vorhand seine Pik-Neun. Der Spieler geht mit der Pik-Zehn darüber, in der Hoffnung, daß sein Feind nicht mehr stechen kann. Der Feind kann nicht stechen, er wirft irgendwelche Lusche ab. Und jetzt braucht der Spieler nur noch einen Stich in Pik abzugeben, der seinen Gegnern höchstens vierzehn Augen einbringt. Das macht insgesamt achtundvierzig Augen für die Feinde. Dieser Kreuz mit sieben Trümpfen ging also gut.

Nun aber: Dasselbe Spiel, was die Trümpfe betrifft. Und dazu Karo-Dame, Karo-Neun, Karo-Sieben.

Einer der Gegner hat kein Karo. Der Sieben-Trumpf-Spieler muß also drei Stiche in Karo abgeben. Dabei fallen zusammen: Karo-As, Karo-Sieben, Pik-As. Zweiter Stich: Karo-Zehn, Karo-Neun, Herz-As. Dritter Stich: Karo-König, Karo-Dame, Pik-Zehn. Das sind bereits genau sechzig Augen. Und die allein reichen ja schon hin, um das Spiel verloren sein zu lassen. Außerdem gibt der Spieler bestimmt noch einen oder gar zwei Stiche in Kreuz ab. Also – mit sieben Trümpfen und drei Luschen ist die Sache sehr brenzlig! Ich warne Sie, ein solches Spiel auszureizen. Ein wenig aussichtsreicher ist die Sache, wenn die drei Luschen nicht in einer Farbe vorhanden sind. Hat der Spieler zu den Trümpfen also etwa Pik-Dame, Herz-Neun und Karo-Sieben, so besteht durchaus die Chance, daß er diesen oder jenen Stich billig an seine Gegner loswird oder sogar eine Lusche abwerfen kann, ohne daß die Gegenspieler dabei beträchtliche Augen einheimsen.

Wenn wir uns mit dem Problem des richtigen „Drückens" befassen, werden wir ausführlich auf die Frage eingehen, ob es ratsamer ist, eine Farbe ganz wegzudrücken und dafür zwei Luschen von einer anderen zu behalten, oder ob man lieber je eine Lusche in den Fehlfarben behält.

Grundsätzlich ist beim Farbenspiel darauf zu achten, daß die Nebenkarte nicht allzu schlecht ist und daß der Alleinspieler immer wieder Trumpf zieht, um endlich mit Trümpfen in der Hand dazusitzen, während bei den Gegenspielern keine mehr sind. Fehlen dem Spieler also etwa das As und der älteste, sowie der dritte Bube, so zieht er erst einmal einen kleinen Trumpf, in der Hoffnung, daß der Älteste und das As fallen. Zwar muß er diesen Stich abgeben, aber dafür hat er seine Trümpfe hochgespielt. Kommt er, wenn er wieder am Spiel ist, mit dem zweiten Buben, ist ihm der nächste Stich sicher. Der Spieler muß also den Mut haben, die Gegner zum Übernehmen herauszufordern. Der anfängliche Verlust lohnt sich in jedem Falle. Regel: Die kleinen Karten locken die hohen heraus!

DAS WEGLEGEN ODER „DRÜCKEN"

Unsere Skatfreunde Meier, Lehmann und Krause haben sich wieder einmal „gereizt". Das Spiel, ein Farbenspiel, ist an Lehmann gefallen. Er nimmt den Skat auf, um dafür zwei Karten zu drücken. Das hört sich einfacher an, als es ist, denn das Drücken ist eine kleine Wissenschaft für sich. Natürlich will Lehmann seine Karte möglichst von Luschen säubern. Nun hat er nach Aufnahme des Skats eine einmal besetzte Zehn im Blatt, sowie zwei Luschen einer anderen Fehlfarbe. Die einmal besetzte Zehn behält der Spieler in keinem Falle, denn sie wird ihm mit großer Wahrscheinlichkeit abgeholt. Nun fragt sich Lehmann, ob er die Sieben zur Zehn behalten soll und dafür eine Lusche in der zweiten Fehlfarbe drükken, oder ob er lieber eine Farbe ganz wegdrückt und dafür zwei Luschen in der anderen behält. Die Entscheidung ist nicht immer leicht. Es gibt Spieler, die darauf schwören: „Eine Farbe ganz wegdrücken!" Andere behalten lieber je eine Karte in der Fehlfarbe, weil sie meinen, daß sie wenigstens eine davon billig loswerden können. Lehmann, der beim Reizen gut aufgepaßt hat, stellt nun folgende Überlegung an: „Meier hat — nach seinem Reizen — wahrscheinlich ein Pik-Spiel. Das heißt, er wird mir immer wieder Pik vorspielen, weil dies seine längste Farbe ist. Drücke ich nun meine beiden Pik-Luschen weg, so muß ich entweder abwerfen oder stechen. Stechen ist schlecht, denn das schwächt mich in Trumpf. Ich drücke also am besten eine Pik-Lusche und die einmal besetzte Karo-Zehn weg. Dann brauche ich nur einmal Pik zu bedienen. Es ist zu hoffen, daß auch Krause ein Pik im Blatt hat (hoffentlich kein allzu hohes), damit ich die einzige Pik-Karte möglichst billig abgebe. Den kleinen Karo, den ich dann auch noch habe, werde ich irgendwie abwerfen können." Behielte Lehmann seine beiden Pik-Luschen und drückte dafür die beiden Karos weg, müßte er zweimal Pik bedienen. Und dann bestünde die Gefahr, daß Krause hohe Karten „schmieren" würde, weil er nach Lage der Dinge Pik wahrscheinlich nur einmal bedienen kann.

Das Drücken ist also einmal eine Sache der Überlegung, andererseits aber auch eine des Fingerspitzengefühls. Jeder gute Skatspieler entwickelt im Laufe seiner Praxis nämlich so eine Art sechsten

Sinnes für die Sitzung der Karten in Händen der Gegner. Mit übernatürlichen Fähigkeiten hat das nichts zu tun, es ist vielmehr die Fertigkeit, aus dem Verhalten der Gegenspieler die richtigen Schlüsse zu ziehen. Fest steht, daß man als Spieler eine einmal besetzte Zehn oder gar eine blanke nicht behalten sollte, es sei denn, man hat ein sehr schwaches Blatt, so daß man sich sagt, macht diese einfach besetzte Zehn keinen Stich, dann verliere ich sowieso. In diesem Falle wird der Spieler einmal riskieren, eine einfach besetzte Zehn stehenzulassen, aber auch nur in einem solchen Fall. Nun hat man ja aber nicht immer eine solche im Blatt, wodurch dieser Zwang wegfällt und man weiter gezogene Grenzen zum Drücken hat. Versuchen Sie, einmal die folgenden Fälle selbst zu entscheiden :Lehmann hält nach Aufnahme des Skats neben seinen sechs Trümpfen in der Hand:

Kreuz-König und Kreuz-Dame; Pik-Neun; Karo-As, Karo-König und Karo-Sieben.

Welche Karten würden Sie an seiner Stelle weglegen? Die Pik-Neun und den Karo-König? Nein, auf keinen Fall, denn bei der Sitzung As, König, Klein macht der König häufig einen Stich. Warum sollte man sich diese Chance also entgehen lassen?

Oder würden Sie den Kreuz-König und die Pik-Neun drücken? Auch das ist nicht empfehlenswert, denn die Kreuz-Dame, die sie nun allein in dieser Farbe in der Hand behalten würden, macht sicherlich keinen Stich. Sie würden also mit der Dame drei Augen opfern müssen, die unter Umständen entscheidend sind für den Gewinn oder Verlust Ihres Spiels. Das heißt: Sie verlieren Ihr Spiel eventuell mit achtundfünfzig Punkten. Läge die gedrückte Kreuz-Dame im Skat, hätten Sie aber drei Punkte mehr, also einundsechzig. Und das würde hinreichen zum Gewinn des Spiels. Ja, jetzt sind Sie auf der richtigen Spur – Sie müssen in diesem Falle den Kreuz-König und die Kreuz-Dame drücken und die blanke Pik-Neun zu den drei Karos behalten. Mit der Pik-Neun geben Sie null Augen ab, haben aber immerhin sieben gedrückte Augen im Skat. Sie sind also der Regel gefolgt: beim Drücken möglichst Augen weglegen, die ja am Ende mitgezählt werden!

Oder Lehmann hat neben seinen sechs Trümpfen nach Aufnahme des Skats in der Hand:

Kreuz-Dame, Kreuz-Acht, Pik-König; Karo-As, Karo-Zehn, Karo-Sieben.

Wie würden Sie jetzt an seiner Stelle drücken? Richtig, weg mit der Kreuz-Dame und dem Pik-König!

Trümpfe drückt man natürlich nie, es sei denn beim Grand, bei dem ja nächst den Buben die Asse ihren Stich machen, die Zehnen und so fort. Wie das zu verstehen ist, wird Ihnen am folgenden Beispiel klar werden. Sie gucken Lehmann in die Karten. Er hat ein Grand-Blatt, und zwar:

Kreuz-Bube, Karo-Bube, Kreuz-As, Kreuz-Zehn, Pik-As, Pik-König, Pik-Acht, Herz-As, Karo-As, Karo-Zehn.

Im Skat findet er: Karo-Dame und Karo-Sieben. Was würden Sie an seiner Statt drücken?

Sie überlegen sich: „Falls die beiden fehlenden Buben in einer Hand gegen Lehmann sitzen, ist er schlecht dran. Es bleibt dann nämlich einer übrig, auch wenn er den ältesten zieht, der ihm seinen jüngsten Buben abholen kann oder zum Stechen benutzt wird. Lehmann muß also Sorge tragen, daß er auch dann wieder ans Spiel kommt, wenn der Grand ohne Buben weitergeht. D. h. er drückt bestimmt nicht sein Herz-As, denn dadurch wäre er in Herz ja blank! Wenn ihm dann der Feind sein endloses Herz — seine „Flöte" von oben herunter vorspielt, muß er Fehlfarben wegwerfen, immer wieder wegwerfen! Der andere Gegenspieler gibt seine Augen zu — das Spiel kann verloren sein, ehe Lehmann sich's recht versieht. Unbesorgt kann Lehmann aber Asse von den zugehörigen Zehnen wegdrücken. Er hat dann zweiundzwanzig Augen sicher im Skat, und die Zehnen sind nicht gefährdet, weil ihre zugehörigen Asse ja bereits „nach Hause gebracht" worden sind. Lehmann drückt dann auch sein Kreuz-As und sein Karo-As. Warum nicht das Pik-As? Weil er in Pik die Zehn nicht hat, die dann beim Gegner „hoch" werden würde! Dank klugem Drücken hat Lehmann seinen (ohnehin unverlierbaren) Grand also gewonnen. Das nächste Spiel geht an Krause, der auf Null gereizt hat und nach dem Aufnehmen des Skats seine Karte nicht zum Null-ouvert verbessern konnte. Im Gegenteil, sein Blatt, das er zu reinigen hoffte, sieht jetzt eher schlechter aus. Er hat:

Kreuz-Neun, Kreuz-Acht, Pik-Dame, Pik-Bube, Pik-Sieben, Herz-König, Herz-Zehn, Herz-Acht, Herz-Sieben, Karo-As, Karo-Dame, Karo-Sieben.

Was wird er drücken? Was würden Sie ihm zu drücken raten? Kreuz-Neun und Kreuz-Acht bringt er beim Null durch, wenn er Glück hat. Aber die Lücke zwischen dem Pik-Buben und der Pik-Sieben ist zu groß! Ebenso ist es mit Karo-As, Karo-Dame und Karo-Sieben schlecht. Er könnte ja statt des Nulls Herz spielen, denn da hätte er, mit dem Buben, immerhin fünf Trümpfe. Aber

das geht nicht mehr, denn er hat bis dreiundzwanzig gereizt. Am besten wird es wohl sein, wenn er Karo-As und Karo-Dame weglegt. Alles andere wäre unsinnig und würde ihn ins Verderben stürzen, an dem er wahrscheinlich ohnehin nicht vorbeikommt!
Beim Null drückt man also möglichst hohe Karten weg, freilich nur dann, wenn zwischen ihnen und den niedrigen eine Lücke klafft. Andernfalls, d. h. wenn die Farbe einigermaßen geschlossen ist, behält man natürlich die hohen Karten und drückt lieber etwa eine blanke Neun weg und vielleicht von Sieben, Neun, König den König. Nun, Krauses Null hat soviele schwache Stellen, daß er so günstig nicht drücken kann.
Und beim Null-ouvert? Auf Null-ouvert reizt man nur, wenn man ein geschlossenes Blatt mit einer einzigen wegzudrückenden Karte hat. Da darf man hoffen, so zu finden, daß man diese eine faule Karte nach Aufnehmen des Skats los wird. Das kann dann so aussehen:

Kreuz-Dame, Kreuz-Zehn, Kreuz-Acht, Kreuz-Sieben, Pik-König, Herz-Bube, Herz-Neun, Herz-Sieben, Karo-Acht, Karo-Sieben.

Der Pik-König muß also weg. Jetzt findet Krause zu seinem Null-ouvert: Pik-Zehn und Herz-Dame. Er kann sich freuen, denn er behält die Herz-Dame und legt Pik-König und Pik-Zehn weg. Glück gehabt, sein Null-ouvert ist unverlierbar! Wenn er aber zum Pik-König die Pik-Dame und die Pik-Zehn gefunden hätte? Dann wäre ihm nichts anderes übriggeblieben, als Pik-König und Pik-Dame zu drücken und mit der blanken Pik-Zehn zu spielen. Das wird aber in den seltensten Fällen gutgehen, denn die Karten müßten schon für Krause sehr günstig sitzen. Krause wird sich diesen Null ouvert also aufs Verlust-Konto schreiben müssen!
Genug übers Drücken. Alles weitere wird die Praxis lehren!

TEURES SPIEL – BILLIGES SPIEL

„Nun", sagt Krause, ein wenig säuerlich lachend, „mein verlorenes Spiel war wenigstens nicht teuer." Er hat einen „Pik-einfach" verloren, d. h. er reizte mit einem Buben oder ohne einen und erhielt das Spiel demnach für zweiundzwanzig. Weil seine Gegenspieler ihn „umlegten", er also nicht die erforderlichen einundsechzig Punkte in seinen Stichen aufweisen konnte, wird dies Spiel selbstverständlich als verloren angeschrieben. Verlorenes „Gucki"-Spiel aber – wir werden das in einem späteren Abschnitt, in dem übers

„Anschreiben" gesprochen werden wird, genau erläutern — zählt doppelt. Die Skat-Ordnung schreibt vor, daß verlorene Handspiele nur als einfach verloren anzurechnen sind. D. h. sie werden nicht doppelt abgeschrieben. In weiten Kreisen wird diese Regelung leider nicht beachtet. Da er den Skat jedoch aufgenommen hat, erhält er 44 Minuspunkte. Nun hängt die Billigkeit oder Kostspieligkeit nicht vom Reizen ab (es kann ja sein, daß einer einen Kreuz ohne Fünf, d. h. ohne die vier Buben und ohne das Trumpf-As) schon bekommt, nachdem er erst bis vierundzwanzig gereizt hat, weil die beiden anderen Spieler paßten, sondern es kommt auf den tatsächlichen Wert des Spiels an.

Oft geschieht es, daß einer ein gutes Spiel hat, aber nur bis vierundzwanzig reizen kann (Kreuz einfach, also mit einem Buben oder ohne einen). Nun will er aber sein gutes Spiel um jeden Preis machen, auch wenn die andern beiden Spieler höher reizen als bis vierundzwanzig. Was kann er da tun? Er hat verschiedene Möglichkeiten. Erst einmal betrachtet er sich sein Blatt genau und überlegt, ob er's wohl schaffen könnte, die Gegenspieler „Schneider" zu machen. D. h. er muß dann soviel Punkte oder Augen einheimsen, daß die Gegenspieler weniger als einunddreißig in ihren Stichen haben. Oder, umgekehrt ausgedrückt, er muß mindestens einundneunzig Augen mit seinen Stichen nach Hause bringen. (Hundertzwanzig Augen sind im Spiel, hat er also neunzig, bleiben für die Gegenspieler nur dreißig. Sie sind Schneider.) Er reizt also „Schneider" mit, ohne dies jedoch anzusagen. Dadurch erhöht sich der Wert seines Spiels auf sechsunddreißig. Mit einem, Spiel zwei, Schneider drei mal zwölf = sechsunddreißig. Noch teurer kann er sein Spiel machen, wenn er „Hand" spielt und „Schneider" ansagt. Beim Handspiel — und nur bei diesem! — darf nämlich Schneider gleich angesagt werden. Gewinnt er also seinen Kreuz aus der Hand, d. h. nimmt er den Skat nicht auf, und sagt Schneider an, so zählt das Spiel, vorausgesetzt, daß er es gewinnt: Mit einem, Spiel zwei, aus der Hand drei, Schneider vier, Schneider angesagt fünf mal zwölf = sechzig.

Noch teurer wird das Spiel, wenn er glaubt, die Gegenspieler „schwarz" machen zu können. D. h., daß diese überhaupt keinen Stich bekommen dürfen, auch nicht so einen, der keine Augen enthält! So ein gutes Spiel wird immer Hand gespielt werden, der Spieler darf also Schneider und Schwarz ansagen. Ein Kreuz-Spiel mit Dreien zählt dann: Mit drei „Spiel vier", Hand fünf, Schneider sechs, schwarz sieben, Schneider angesagt acht, schwarz angesagt neun mal 12 = 108. So eine Reizung darf der Spieler sich allerdings nur gestatten, wenn er seiner Sache völlig sicher ist. Sollten die Gegner nur einen einzigen Stich machen, ist es verloren und bedeutet dann einhundertundacht Minuspunkte! Ein solches Spiel wird jedoch fast immer ein Grand sein, und man wird diesen einem Farbenspiel immer vorziehen, da er ja viel mehr zählt. Und schließlich gibt es noch eine Möglichkeit, das Spiel zu verteuern. Sie ist allerdings nicht allgemein üblich und demgemäß eine Sache der Vereinbarung unter den Spielern. Es handelt sich um das Spiel mit „Spitze" oder „Patrouille". Erläutern wir das an einem praktischen Beispiel. Lehmann hat ein gutes Karo-Spiel, kann aber nur bis siebenundzwanzig reizen. Meier reizt weiter. Nun will Lehmann sein schönes Spiel aber nicht weglassen. Er hat reichlich Trümpfe, darunter auch die Trumpf-Sieben. Wenn er meint, es so einrichten zu können, daß diese Sieben den allerletzten Stich macht, dann kann er weiterreizen: Karo ohne zwei, Spiel drei, Spitze (oder Patrouille) vier mal neun = sechsunddreißig. Nachdem er den Skat aufgenommen und gedrückt hat, muß er ansagen, daß er mit „Spitze" zu spielen gedenkt. Er muß sich dann also die Trumpf-Sieben bis zuletzt aufheben. Gelingt ihm das nicht, d. h. wird ihm die Sieben von den Gegenspielern abgeholt, ist sein Spiel verloren. Hat er Pech, insofern, als Meier Pik ohne drei ausreizt, also bis vierundvierzig geht, kann er immer noch das Spiel an sich bringen, wenn er mit zwei Spitzen oder Patrouillen reizt. Das Spielen mit „Spitzen" lehnt die deutsche Skatordnung ab. Wir wollen dieses Spiel aber trotzdem behandeln, da es in weiten Kreisen Anwendung findet.

Der Spieler ist verpflichtet, mit Trumpf-Sieben und Trumpf-Acht die beiden letzten Stiche zu machen. Er kann reizen: Karo mit zweien, Spiel drei, mit einer Spitze vier, mit der zweiten Spitze fünf mal neun = fünfundvierzig. Jetzt aber wird Meier vom Teufel geritten. Er will durchaus spielen und geht nun auf sechsundvierzig, in der Hoffnung, mit seinem Blatt einen Null-ouvert zu schaffen. Was bleibt Lehmann nun noch übrig? Entweder muß er schweren Herzens passen, das Spiel also an Meier abgeben, oder er reizt noch Hand mit. Hand zählt nicht allein weitere neun Punkte, sondern bringt sogar noch den Vorteil, daß der Spieler „zwei Patrouillen" ansagt, die ihm beim Handspiel dann ebenfalls zugerechnet werden. Das heißt: Karo mit zweien, Spiel drei, aus der Hand vier, erste Patrouille sechs, erste Patrouille angesagt sieben, zweite Patrouille angesagt acht mal neun = zweiundsiebzig! Ein wahrhaft stolzes Spiel falls es nicht „in die Binsen" geht. Sollte Lehmann es verlieren, müßte er sich gefallen lassen, daß man ihm einhundertvierundvierzig Minuspunkte ankreidet. Und zum Verlust genügt ja schon, daß er etwa nur eine Spitze schafft, statt deren zwei.

Nun kann es aber auch vorkommen, daß ein anfangs *teures* Spiel durch den Skat plötzlich *billig* wird, was wir übrigens schon erwähnt haben, hier aber für den gleichsam „Fortgeschrittenen" noch einmal ausführlich behandeln wollen.

Krause reizt wohlgemut Pik ohne zwei, also dreiunddreißig. Als er den Skat aufnimmt, findet er zu seinem Entsetzen den ältesten Buben, den sogenannten „Billigmacher". Er hat sich also überreizt, denn sein Spiel ist ja nur noch zweiundzwanzig wert. Er kann nun, falls ihm dies möglich erscheint, auf Grand umsatteln, oder auf Null-ouvert. Oder er kann versuchen, die Gegner Schneider zu machen. Schließlich kann er auch die Möglichkeit in Betracht ziehen, mit einer Spitze zu spielen. Es ist also durchaus noch nicht alles verloren, wenn ein unerwünschter Bube im Skat liegt, weil der Spieler ja, dank den vielen Skatregeln, immer noch erhöhen kann. Er sagt sein Spiel ja ohnehin erst an, nachdem er den Skat aufgenommen und gedrückt hat. Auch wenn er sich durch den ältesten Buben im Skat nicht überreizt hat, sieht das Spiel durch diesen zusätzlichen (und sicheren!) Trumpf vielleicht jetzt sehr viel günstiger aus, so daß er ohne weiteres auf Grand umsatteln kann. So eine Chance, aus dem anfänglich billigen Spiel doch noch ein teures zu machen, läßt er sich natürlich nicht entgehen.

Besonders dem Anfänger kann also gar nicht dringend genug geraten werden, sein Blatt nach Aufnahme des Skats gründlich zu prüfen, ob sich das Spiel durch geschicktes Drücken und Ausnutzung aller Möglichkeiten nicht verteuern läßt. Hierzu ein Beispiel: Lehmann reizt Herz ohne zwei, geht also bis dreißig und erhält dafür das Spiel, weil seine Mitspieler passen. Er hat in der Hand:

Herz-Bube, Karo-Bube, Kreuz-Zehn, Pik-As, Pik-König, Pik-Dame, Herz-Zehn, Herz-König, Herz-Neun, Herz-Sieben.

Im Skat findet er: Kreuz-Bube, Kreuz-König. Er drückt nun die Kreuz-Zehn und den Kreuz-König, hat also bereits vierzehn Punkte unter Dach und Fach. Sein Spiel hat sich dadurch derart verbessert, daß er jetzt einen Grand spielen kann, den er sehr wahrscheinlich gewinnt, auch wenn er nicht Vorhand ist, also nicht selbst am Ausspielen.

Wird ihm Karo oder Kreuz angespielt, das er ja nicht hat, sticht er mit dem Karo-Buben. Dann zieht er den Ältesten, damit der Zweite fällt. Jetzt zieht er Herz-König, auf den das As fällt. Nun stehen seine Herz-Karten. Wenn ihm wieder eine der beiden Farben vorgespielt wird, die er gar nicht hat, sticht er mit dem letzten noch vorhandenen Buben ein und spielt nun alle seine Herzen herunter. Darauf kommen gewiß ein paar Augen herein, und sicherlich wird einer der Spieler auch Pik abwerfen, nachdem er kein Herz mehr zum Bedienen hat. Dann, nachdem die Herzen alle sind, legt Lehmann sein Pik-As auf den Tisch. Wenn er Glück hat, fällt darauf die Pik-Zehn, so daß sein König und seine Dame in Pik nun stehen. Fällt die Zehn nicht, und kommt seitens der Gegenspieler, nachdem diese Lehmann mit ihrer Pik-Zehn die Pik-Dame abgeholt haben, kein Pik mehr auf den Tisch, kann der Grand allerdings verloren gehen. Aber praktisch wird das kaum vorkommen, denn beim Grand zieht man ja Asse, so daß diese in den beiden Farben Kreuz und Karo wahrscheinlich vom Spieler eingestochen wurden. Es sind nun nicht mehr genügend hohe Karten im Spiel, um den Gegnern sechzig Augen einzubringen. Jedenfalls sind die Gewinnchancen bei diesem Grand so hoch, daß jeder einigermaßen mutige Spieler ihn riskiert. Ein gewisses Risiko liegt fast in jedem Spiel, es sei denn, man halte das in der Hand, was im Skatjargon ein „Kutscher" heißt oder ein „Chauffeur", also etwa ein Farbenspiel mit allen vier Buben, dazu noch vier Trümpfen und in den Fehlfarben ein As und eine „Lusche". Da gibt der Spieler bestimmt nur die „Lusche" ab, es sei denn, man spielte ihm eine Karte in der Farbe an, zu der er nur das blanke As hat, mit dem er übernimmt. Nun hat der andere Spieler kein Blatt in dieser Farbe, ist also „renonce" und sticht! Das wäre der allerungünstigste Fall, bei dem aber seitens der Gegenspieler auch nichts weiter zu holen wäre, als daß sie aus dem Schneider kommen. Zu verlieren ist so ein Spiel nie! Zum Kapitel teure und billige Spiele gehört auch:

CONTRA UND RE

Da hat Krause endlich, nachdem er eine ganze zeitlang Blätter bekam, die er als „Raupenfraß" bezeichnete, eine recht ordentliche Karte. Er reizt also sein Blatt aus und erhält das Spiel für dreißig (Herz mit zwei Buben). Was er im Skat findet, erfreut ihn freilich nicht. Er kann sein Blatt nicht so säubern, wie er es hoffte. Immerhin – es wird schon gutgehen! Denkt er –! Er sagt also an: „Ich spiele Herz." Daraufhin besehen sich seine Gegenspieler ihr Blatt und Meier sagt: „Contra!" Da wird Krause blaß, denn Contra bedeutet, daß Meier soviele Trümpfe gegen ihn hat, daß er hofft, Krause umzuwerfen. Tatsächlich gelingt ihm dies auch, Krause erreicht nur achtundvierzig Punkte. Und das bedeutet, daß sein verlorenes Spiel folgendermaßen abgerechnet wird: Herz mit zweien, Spiel drei, Contra sechs, verloren zwölf! Hundertzwanzig Minuspunkte für Krause.

Durch Meiers Contra-Ansage war Lehmann nämlich hellhörig geworden. Er spielte sehr vorsichtig und schonte seine hohen Karten, um sie seinem Partner dann auf die Trumpf-Stiche zugeben zu können. Contra sagt man, wenn man mindestens vier Trümpfe, von denen zwei sicher Stiche machen, in der Hand hat und dazu eine nicht allzu schlechte Nebenkarte. Entscheidend ist auch das Verhalten des Partners beim Reizen. Hat der mitgereizt, so darf vermutet werden, daß er Augen im Blatt hat (falls er nicht bei dreiundzwanzig paßte, was auf die Absicht hindeutet, daß er einen Null spielen wollte).

Manche Skatspieler pflegen Contra zu geben, wenn sie einen sogenannten „Wollkopf" oder „Rollmops" haben, d. h. vier Trümpfe in jeder Farbe, also: Zwei Buben, zwei Kreuz, zwei Pik, zwei Herz, zwei Karo. Aber so ein Contra geht oft schief, d. h. er wird vom Gegner gewonnen. Und das ist ja auch klar, wenn man bedenkt, daß der Contra-Sager in jeder Fehlfarbe zweimal bedienen muß, statt einstechen zu können. Die Asse und Zehnen in den Fehlfarben hat er sicherlich nicht, denn sonst hätte er selbst ein Spiel gemacht. Krause, durchs Contra gewarnt, spielt nun nämlich nicht Trumpf, sondern er „geht auf die Dörfer", d. h. er versucht erst, Stiche auf die Nebenkarte hereinzubringen. Hat er also etwa das Pik-As und das Karo-As, so zieht er diese Karten. Er bringt sie nach Hause, denn Meier muß ja bedienen. Wenn Krause Glück hat, fällt ihm dabei sogar noch eine Zehn zu, die bei einem seiner Gegner blank sitzt. Der „Wollkopf-Contra" ist also nicht sehr sicher! Nur gewiegte Spieler sollten sich daranwagen.

Nicht immer sitzen die Trümpfe bei dem, der Contra bietet. Es kann auch so sein, daß Lehmann keinen einzigen Trumpf im Blatt hat, aber in den übrigen Farben hohe Karten. Lehmann sagt also Contra, um seinem Mitspieler dadurch zu zeigen, daß er trumpflos ist, aber in den Fehlfarben eine gute Unterstützung zu bieten hat. Er sagt sich sehr richtig: „Wenn Krause eine ganz volle, an Trümpfen überreiche Karte hätte, würde er ja Grand spielen. Da er das nicht tut, sitzen bestimmt bei Meier vier Trümpfe dagegen, und Meier wagt bloß keinen Contra, weil sein Blatt neben den Trümpfen leer ist. Ich muß ihm also durch mein Contra zu verstehen geben, daß die Augen in den Fehlfarben bei mir sitzen."

Krause braucht nun aber keineswegs das Contra stumm hinzunehmen. Es ist ihm gestattet, Re zu sagen. Was bedeutet nun so ein Re? Es heißt, daß Krause die Herausforderung annimmt und aufgrund seiner Trümpfe und der Nebenkarte glaubt, das Spiel auch dann zu gewinnen, wenn die ihm fehlenden Trümpfe alle in einer Hand gegen ihn sitzen. Wenn er sein Re-Spiel gewinnt, dann wird sein Mut belohnt. Er bekommt angeschrieben: Herz mit zweien, Spiel drei, Contra sechs, Re zwölf = hundertzwanzig Pluspunkte. Aber ach – wenn er es verliert, wird es entsetzlich teuer, denn dann macht es: Herz mit zweien, Spiel drei, verloren sechs, Contra zwölf, Re vierundzwanzig = zweihundertvierzig Minuspunkte! Re sagt also nur derjenige, der eine ausgezeichnete Trumpfkarte und eine gute Beikarte hat.

Zu Beginn dieses Büchleins wurde einmal gesagt, daß der Einzelspieler 61 Augen haben muß, wenn er das Spiel gewinnen will. Nun wird in weiten Skatkreisen bei einem „Contra"- oder „Re"-Spiel diese Regelung durchbrochen, und zwar folgendermaßen: Wer Contra sagt, muß 61 haben, wer Re sagt, muß 61 haben, wer Bock sagt, muß 61 haben usw. Diese Skatspieler begründen die Regelung damit, daß sie sagen, wer Contra, Re usw. sagt, will damit zum Ausdruck bringen, daß er überzeugt ist, das Spiel zu gewinnen. Wenn nun ein Kontra-, Re- usw.-Sager schon glaubt, das Spiel gewinnen zu können, so muß er mindestens auch 61 Augen haben. Eine an und für sich sehr logische und faire Regelung, aber die Deutsche Skatordnung sagt, daß der Alleinspieler immer 61 Augen erreichen muß, wenn er gewinnen will. Unabhängig ob Kontra, Re usw. gesagt wurde oder nicht.

Gemäß den neuesten Statuten der Skatordnung sind sowohl Contra als Re nicht mehr gestattet. Man will dadurch das „Mauern" unterbinden, d. h. der Unsitte einen Riegel vorschieben, daß ein Spieler mit gutem Blatt vorzeitig paßt, nur um contrieren zu können. Am Stammtisch jedoch spielt man auch weiterhin mit Contra und Re und erlaubt sogar dem Gegenspieler, dem Re noch „Bock" entgegenzusetzen, dem Spieler, auf „Bock" zu sagen: „Hirsch". Contra verdoppelt den Gewinn bzw. Verlust, Re vervierfacht ihn, durch Bock wird er verachtfacht, und wer Hirsch bietet, darf sogar mit Versechzehnfachung rechnen. Bis zum „Hirsch" kommt es selten, denn das Risiko ist auch dem Mutigsten zu groß. Contrieren aber wird man — trotz gegenteiliger Skatbestimmungen — mit Vernügen dort, wo die Spieler einander gut kennen und demgemäß wissen, daß keine „Maurer" unter ihnen sind.

DIE BOCK- ODER ÄRGERRUNDE

Es ist üblich, nach gewissen Spielen sogenannte Bockrunden, auch Ärgerrunden genannt, einzuschieben. Eine Runde umfaßt immer drei Spiele. Beim Viererskat, auf den wir noch zu sprechen kommen, sind es vier Spiele. Diese zählen in der Bockrunde doppelt, d. h. ein gewonnenes Pik-Spiel ohne den ältesten Buben wird nicht

mit zweiundzwanzig angeschrieben, sondern mit vierundvierzig. Geht es verloren, zählt es entsprechend achtundachtzig. In der Bockrunde spielt man also besonders überlegt und reizt vorsichtig, um sich nicht der Gefahr eines so hohen Verlustes auszusetzen.
Bockrunden sind stets Sache der Vereinbarung. Im allgemeinen werden sie gespielt: nach einem gewonnenen Grand, der mindestens hundertzwanzig Punkte zählt. Also etwa: Grand mit dreien, Spiel vier, Schneider fünf = hundertzwanzig. Außerdem nach einem Spiel, das mit genau sechzig Punkten verloren ging. Ferner nach einem gewonnenen Grand-Hand, nach einem für die Gegner siegreich beendeten Contra-Spiel; immer nach einem Contra-Re-Spiel, gleichviel, ob der Spieler es gewonnen oder verloren hat.
Manche Spieler schieben auch dann eine Bockrunde ein, wenn Spieler oder Gegenspieler nicht aus dem Schneider gekommen sind. Das heißt also: wenn die Gegner nicht einunddreißig Punkte erreicht haben, oder wenn der Spieler jammervoll „baden gegangen" ist, dadurch, daß er weniger als einunddreißig Punkte schaffte.
Manchmal wird nach einem Grand-Hand, der gewonnen wurde, nicht nur eine Bockrunde gespielt, sondern auch noch eine Runde Ramsch. Das kann dann böse ausgehen für denjenigen, der einen Grand in der Hand hat, also mit Sicherheit soviele Augen einnehmen muß, daß er am Ende die meisten hat, den Ramsch also verliert. Wir wollen hier noch einmal zusammenfassen, was an anderer Stelle schon über den Ramsch gesagt wurde: Es kommt darauf an, möglichst wenige Stiche zu machen, denn derjenige bekommt das Spiel als verloren angekreidet, der die meisten Augen einnehmen mußte. Hat also Krause sechzehn Augen, Meier achtunddreißig, dann ist Lehmann der Verlierer, denn er hat sechsundsechzig Augen. Diese sechsundsechzig Augen werden auf sein Verlustkonto geschrieben. Hat aber Krause überhaupt keinen Stich, ist er also „Jungfrau", dann bekommt Lehmann sogar seine Augen doppelt angeschrieben.
Die einzige Rettung wäre, daß er einen „Durchmarsch" versucht hätte, also alle Stiche für sich einheimst. Hundertzwanzig Augen beim Ramsch bedeuten also keinen Verlust des Spieles, sondern einen stolzen Gewinn. Das Recht, Contra zu bieten, hat jeder Gegenspieler (ausgenommen bei einem Spiel genau nach Skatordnung). Fälschlicherweise wird häufig so gespielt, daß nur der Contra bieten darf, der mindestens 18 gereizt hat.
Übrigens muß Contra unbedingt angesagt werden, ehe eine Karte ausgespielt worden ist. Lehmann, der in Hinterhand sitzt, würde ganz gern Contra bieten, aber er hat eine blanke Zehn im Blatt, die sehr leicht verloren gehen kann, falls der Mitspieler be-

dienen kann, und der Gegenspieler das passende As dazu hat. Das wären für den Spieler schon einundzwanzig Augen, also eine ganz gute Grundlage. Lehmann sagt also lieber nicht Contra. Nun spielt sein Partner Meier als erste Karte ausgerechnet das As zu Lehmanns blanker Zehn aus. Bedient Krause, der Gegenspieler, dies As, so weiß Lehmann, daß er seine blanke Zehn gerettet hat, weil er sie ja seinem Partner aufs As zugeben kann. Nun ärgert er sich, kein Kontra geboten zu haben.

Und schließlich gibt es noch eine Möglichkeit zum Contra-Bieten. Nehmen wir einmal an, Lehmann hat so ein schönes, volles Blatt, daß er gar nicht zu drücken brauchte, um seine Karte zu säubern. Voller Eifer zieht er, der am Anspielen ist, die erste Karte, um seinen „Kutscher" von oben herunter zu spielen. Er hat also das Drücken vergessen. So ein Irrtum ist aber verhängnisvoll, denn – vergessenes Drücken bedeutet verlorenes Spiel. Auch wenn er statt zweier Karten nur eine weglegt, ist sein Spiel verloren. Merken die Spieler das nicht eher, so bestimmt zum Schluß, denn derjenige, der gar nicht gedrückt hat oder nur eine Karte weglegte, behält am Ende ja eine oder zwei Karten übrig, wenn die Gegner nichts mehr in Händen halten. Geben die Gegenspieler nun gut obacht, ob der Spieler sich beim Drücken nicht vertut, dann haben sie eine Chance zum Contra-Sagen. Meier legt aus Versehen nur eine Karte ab und sagt dann seinen Grand an. Nachdem er angesagt hat, darf er aber nicht mehr drücken, d. h. die Reihenfolge: erst drücken, dann das Spiel ansagen, muß strikt beachtet werden. „Contra", sagt der aufmerksame Krause, obwohl er gar keine Contra-Karte hat. Er darf das unbesorgt tun, denn Meiers Spiel ist ja von vornherein verloren. Meier jedoch, der seinen Irrtum noch immer nicht bemerkt hat, bietet siegessicher „Re". Das Spiel wird gar nicht erst durchgeführt. Krause erklärt nämlich sofort: „Mein Lieber, du hast nur eine Karte gedrückt!" So eine Unaufmerksamkeit kann also fürchterlich teuer werden. Ist es etwa ein Grand mit vieren, so zählt er mit Contra und Re sage und schreibe neunhundertsechzig Minuspunkte für den unglücklichen Spieler. Und sollte man sich gerade in einer Bockrunde befinden, in der ja alles verdoppelt wird, bringt dies Spiel Meier volle eintausendneunhundertzwanzig Minuspunkte ein! Bitte, rechnen Sie selbst nach. Dies Beispiel ist keineswegs aus der Luft gegriffen, sondern solche „Unfälle" ereignen sich tatsächlich mitunter. Zum Schluß sei aber gesagt, daß das Bieten von Kontra, wenn der Alleinspieler gar nicht, zu wenig oder zu viel gedrückt hat, zwar zulässig, aber nicht f a i r ist, und eine solche Handlungsweise mit einem feinen Skat und vornehmen Gesellschaftsspiel bestimmt nichts mehr zu tun hat.

Großes Pech kann der Spieler auch haben, wenn er sich „verwirft", d. h. wenn er nicht bedient, obwohl er bedienen kann. Da hat Krause ein hübsches Farbenspiel, das unverlierbar ist. Jetzt spielt ihm Lehmann einen kleinen Karo an. Krause überlegt: „Den übernehme ich mit meinem blanken Karo-As, und dann ziehe ich Trumpf nach." So weit ist es gut. Aber nun ist seine Hand flinker als sein Kopf. Die Hand überhört gleichsam den Befehl, den kleinen Karo zu übernehmen und ist schon beim zweiten Befehl: „Dann Trumpf nachbringen." Er wirft also Trumpf auf den Tisch. „Hallo", rufen die Gegenspieler wie aus einem Munde. „Du mußt doch noch das Karo-As haben! Oder ist das am Ende gedrückt?" Da bemerkt der arme Krause seinen Irrtum. Er braucht nicht mehr weiterzuspielen. Das Spiel ist verloren.

Umgekehrt kann aber so ein Verwerfen auch einen wahren Segen für den Spieler bedeuten, dann nämlich, wenn einer seiner Gegner sich irrt und nicht bedient. Dann nämlich gilt das Spiel für ihn als gewonnen, gleichviel, ob es wackelig war oder nicht. Gerade so ein Spiel, das umzureißen die Gegenspieler auf dem besten Wege sind, geht ihnen durch so ein Verwerfen öfter verloren. Sie sind dann nämlich schon so siegessicher, daß sie es an der nötigen Aufmerksamkeit fehlen lassen.

Zum Kapitel „Verwerfen" gehört auch die Regel: „Was liegt, das liegt!" Es geht also nicht an, daß einer der Spieler, der einen Augenblick lang nicht aufgepaßt hat, oder der — nachdem er seine Karte schon gezogen hat — anderen Sinnes wird, eben diese verkehrte Karte wieder zurücknimmt und statt ihrer eine bessere hinlegt. Nein, was einmal auf den Tisch gefallen ist, das gilt! Und wenn es dem Spiel auch eine unglückliche Wendung zum Verlust gibt. Aufpassen ist also unendlich wichtig. Die Vorwürfe, die seitens des Partners auf so einen unglücklichen Mitspieler herunterhageln, der sich verworfen hat, sind nicht immer gerade sanft, wie denn beim Skat überhaupt eine rauhe Sprache herrscht.

Übrigens, da wir gerade bei den Irrtümern sind: Wenn noch nicht (und zwar richtig) ausgespielt wurde, kann vom Spieler statt des angesagten ein im Punktwert höheres Spiel gewählt werden, auf keinen Fall jedoch ein Niedrigeres. Diese Bestimmung gilt allerdings nicht, wenn bereits Contra geboten wurde.

VERGEBEN

Derjenige, der die Karten austeilt, irrt sich auch einmal. Da kann es geschehen, daß einer nach dem Austeilen elf Karten in der Hand hat, ein anderer dafür bloß neun. Nun hat jeder vielleicht schon sein Spiel betrachtet und als gut erkannt. Aber – spielen darf er's nicht, denn wenn „vergeben" ist, werden die Karten wieder eingesammelt und es muß nochmals ausgeteilt werden.
Öfter bemerken die Spieler erst dann, wenn das Spiel schon durchgeführt worden ist, daß einer eine Karte zuviel hat, der andere dafür eine zuwenig. Auch da gibt's kein Pardon. Das Spiel ist ungültig und muß nochmals gegeben werden.
Manche Skatspieler sind besonders streng und machen untereinander von vornherein eine Buße aus für den, der vergibt oder sich verwirft. Das geschieht jeweils nach vorheriger Vereinbarung und soll die Spieler zu größter Aufmerksamkeit und Konzentration anhalten. So eine Buße besteht darin, daß derjenige, der sich verworfen oder vergeben hat, soundsoviele Minuspunkte angekreidet bekommt. Das muß aber bereits vereinbart worden sein, ehe das erste Spiel durchgeführt wurde. Es geht nicht an, daß man dergleichen erst dann festsetzt, wenn einer sich bereits verworfen oder wenn er vergeben hat.

DIE BLANKE ZEHN – DIE BESETZTE ZEHN

Blanke Zehnen im Blatt sind jedem Skatspieler ein Greuel. Der Spieler wird es vermeiden, mit einer solchen blanken Zehn zu spielen. Hätte er ohne sie ein ganz gutes Handspiel, so wird er doch lieber den Skat aufnehmen, in der Hoffnung, die Zehn wegdrücken zu können. Findet er so schlecht, daß im Skat etwa zwei Luschen zu dieser Zehn liegen, so wird er vielleicht trotzdem die Zehn weglegen; denn für ihn als Spieler ist auch eine zweimal besetzte Zehn oft von Übel, wie wir später noch sehen werden. Hat er allerdings eine volle Karte und mindestens drei Buben, kann er auch die Farbe, in der er nun die Zehn und zwei kleine Karten hat, zur Trumpf-Farbe ernennen. Das geht natürlich nur dann, wenn dies nach der Reizung noch möglich ist.

Es kann aber auch vorkommen, daß er zu der blanken Zehn im Skat noch eine Zehn in einer Farbe findet, die er überhaupt nicht in der Hand hatte. Da muß er dann eben zwei Zehnen weglegen und dafür lieber eine Lusche oder deren zwei behalten. Spielen die Gegner ihm nun das zugehörige As an, so muß er zwar eine Lusche zuwerfen und kann nicht stechen, aber er kommt dabei immer noch billiger weg, als wenn er den Gegenspielern die blanke Zehn opfern müßte.

Hat einer der Gegenspieler eine blanke Zehn, die er ja nicht wegdrücken kann, so muß er befürchten, daß sie ihm abgeholt wird. Viele Skatspieler schwören darauf, so eine blanke Zehn sofort auf den Tisch zu legen. Hat der Mitspieler ein möglichst kurz besetztes As dazu, wird er es drauflegen, in der Hoffnung, daß der Feind bedienen kann und nicht sticht. Hat er aber die Farbe sehr lang, muß er also annehmen, daß der Spieler in dieser Farbe renonce ist und sticht, legt er eine kleine Karte zu. Und hat der Spieler das zur Zehn passende As, dann macht er zwar einen „fetten" Stich, aber dieser Stich kann ihn noch teuer zu stehen kommen. Die Gegenspieler haben ja durch das Ausspielen der blanken Zehn diese Farbe „geklärt", das heißt, sie wissen, daß der Ausspieler der Zehn keine weitere Karte von dieser Farbe in der Hand hat. Jetzt wird also der andere Gegenspieler dem Feinde immer wieder mit dieser Farbe kommen. Entweder muß der Feind eine Karte in der Farbe zugeben und der andere Gegenspieler kann „schmieren", d. h. hohe Karten der Fehlfarbe zugeben, oder aber — wenn der Spieler übernahm, kann er mit einem kleinen Trumpf darübergehen und dadurch den Stich an sich bringen.

Nehmen wir einmal folgende Kartenverteilung an: Der Spieler, der Pik angesagt hat, hält folgendes Blatt in der Hand:

Herz-Bube, Karo-Bube, Kreuz-König, Kreuz-Neun, Pik-Zehn, Pik-König, Pik-Neun, Pik-Sieben, Herz-As, Herz-Dame.

Gegenspieler Krause hat:

Kreuz-Bube, Kreuz-Zehn, Pik-As, Pik-Dame, Herz-Zehn, Herz-König, Herz-Neun, Herz-Acht, Karo-Dame, Karo-Neun.

Gegenspieler Meier hat:

Pik-Bube, Kreuz-As, Kreuz-Dame, Kreuz-Acht, Kreuz-Sieben, Pik-Acht, Herz-Sieben, Karo-As, Karo-Acht, Karo-Sieben.

Im Skat liegen also Karo-Zehn und Karo-König, die vom Spieler Lehmann weggedrückt wurden.

Krause spielt nun Meier gleich seine blanke Zehn an, weil der in Vorhand sitzt. Obwohl Meier vier Kreuz dagegen hat, ist er mutig genug, mit dem As auf die Zehn zu gehen. Lehmann wirft die Neun zu. Jetzt ist Meier, dem der Stich gehörte, am Ausspielen. Er zieht sofort die Kreuz-Dame. Lehmann geht mit dem Kreuz-König darüber. Und Krause freut sich, denn er kann ja nicht mehr

bedienen, sondern sticht mit dem Pik-As. Jetzt spielt er seine kürzeste Farbe, also Karo, und zwar die Neun. Meier sagt sich: „Da Lehmann Kreuz bedienen konnte, wird er wohl Karo gedrückt haben. Trotzdem werde ich mit dem Karo-As drübergehen, dann kostet das Lehmann eben einen Trumpf und er wirft keine lästige Karte ab." Lehmann sticht mit der Pik-Zehn. Und dann zieht er auf jeden Fall Trumpf, und zwar den Herz- oder Karo-Buben. Krause gibt die Pik-Dame zu. Meier übernimmt mit dem Pik-Buben, denn er will ja den Spieler wieder in die „Zange" nehmen, um ihn mit Kreuz zu ärgern. Er legt die Kreuz-Acht auf den Tisch. Lehmann sticht mit der Pik-Neun. Krause könnte nun ja mit seinem Kreuz-Buben darübergehen, aber der Stich ist ihm zu mager, zumal er ja dann den höchsten Trumpf weggäbe, der ihm ohnehin einen sicheren Stich einbringt. Er wirft also lieber ein kleines Herz ab, die Herz-Acht. Dadurch zeigt er seinem Mitspieler, daß er reichlich Herz im Blatt hat. Lehmann zieht nun die Pik-Sieben. Er hat Glück, denn die restlichen, beim Feind sitzenden Trümpfe sind verteilt. Sie fallen beide. Und weil Krause den ältesten Buben geben mußte, ist er nun am Ausspielen. Er zieht die Karo-Dame. Meier wirft die Karo-Sieben zu. Und Lehmann wirft seine Herz-Dame weg. Nun kann der Gegner kommen, womit er will, die drei letzten Stiche gehören auf jeden Fall dem Spieler. Krause, der ja nur noch Herz-Karten hat, zieht die Herz-Neun. Meier gibt die Herz-Sieben zu. Der Spieler übernimmt mit dem Herz-As. Seine beiden Trümpfe, die er nun noch in der Hand hat, „stehen". Er kann hinlegen, die beiden letzten Stiche gehören ihm. Er hat das Spiel mit sechsundsechzig Punkten gegen vierundfünfzig gewonnen! Die Verteilung der Karten war in diesem Spiel für Lehmann außerordentlich günstig, so daß ihm trotz der Kreuz-Flöte in Meiers Hand nichts geschehen konnte.
Jetzt aber wollen wir ein Spiel durchführen, bei dem Lehmann durch so eine blanke Zehn der Hals gebrochen wird.

Lehmann hat:

Herz-Bube, Kreuz-Acht, Pik-Acht, Pik-Sieben, Herz-Dame, Karo-As, Karo-Zehn, Karo-König, Karo-Neun, Karo-Acht

Krause hat:

Pik-Bube, Kreuz-As, Kreuz-Zehn, Kreuz-König, Kreuz-Sieben, Pik-Zehn, Herz-Zehn, Herz-König, Herz-Neun, Herz-Acht

Meier hat:

Kreuz-Bube, Karo-Bube, Kreuz-Dame, Pik-As, Pik-König, Pik-Dame, Pik-Neun, Herz-As, Karo-Dame, Karo-Sieben.

Meier reizt sein Pik-Spiel bis zweiundzwanzig aus, Krause reizt sein Herz-Spiel bis zwanzig. Lehmann, der gut zu finden hofft, reizt trotz der Luschen im Blatt sein Karo ohne zwei, geht also bis siebenundzwanzig und erhält dafür das Spiel. Seine Hoffnung wird betrogen, denn im Skat liegen Kreuz-Neun und Herz-Sieben. Er legt Herz-Dame und Kreuz-Acht weg.
Krause ist Vorhand und zieht seine blanke Pik-Zehn. Meier geht mit dem As darüber, Lehmann gibt die Pik-Sieben zu. Jetzt ist Meier, von dem ja das As kam, am Zuge. Er spielt den Pik-König aus. Lehmann gibt die Pik-Acht dazu. Und Krause „schmiert" sein Kreuz-As. Jetzt kommt Meier wieder mit Pik, und zwar mit der Pik-Dame. Lehmann wirft seine blanke Kreuz-Neun ab. Krause schmiert die Kreuz-Zehn. Und immer noch hat Meier eine Pik-Karte zum Anbieten, nämlich die Pik-Neun. Lehmann bekommt jetzt Angst. Er wirft also nicht mehr ab, sondern sticht, und zwar mit dem Karo-König. Krause geht mit dem Pik-Buben darüber, denn er sagt sich: „Das ist mein einziger Trumpf, der nützt mir in Hinterhand sowieso nichts." Er zieht nun die Kreuz-Sieben, um kein Auge zu verschenken. Meier übernimmt mit der Kreuz-Dame. Auf diesen „billigen" Stich wirft Lehmann seine Herz-Sieben weg. Er hat noch keinen einzigen Stich eingeheimst! Meier aber, der mitgezählt hat, weiß, daß er und Krause bereits achtundfünfzig Augen unter Dach und Fach haben. Er zieht kurzerhand seinen ältesten Buben, Lehmann gibt die Trumpf-Acht dazu, Krause schmiert die Herz-Zehn. Das macht insgesamt siebzig Augen für die Gegner. Lehmann hat sein Spiel also bereits verloren. Übrigens gibt er bestimmt noch einen Stich ab, den Meier auf seinen Karo-Buben einheimst. Lehmann darf heilfroh sein, daß Meier, der ja immerhin vier Trümpfe gegen ihn hatte, nicht Contra bot. Bei vorgenanntem Kartensitz hat Krause, wie Sie gesehen haben, eine blanke Pik-Zehn und kein Karo. In der Regel wird Krause seine blanke Pik-Zehn nicht anspielen, denn er hat kaum eine Chance, diese heimzubekommen, wenn der Gegner das As hat. Hat jedoch sein Mitspieler Karo-As, kann er diese Pik-Zehn schmieren. Theoretisch ist es sehr schwer, solche Fälle anzugeben, in der Praxis muß jeder Spieler hierüber seine eigenen Erfahrungen machen.
Nun wollen wir aber einmal sehen, ob sich so eine blanke Zehn in der Hand des Gegners nicht auch günstig auswirken kann für den Spieler. Hat der Spieler in einer Farbe das As und den König und sogar noch eine Lusche, dann kann er, falls ihm in dieser Farbe vom Gegner eine niedrige Karte vorgespielt wird, entweder mit dem As übernehmen oder mit dem König. Entscheidet er sich dafür, den König zu ziehen, so hat er „geschnitten". Wenn er nun

das As nachbringt, gelingt es ihm häufig, die Zehn, die beim Gegner blank sitzt, herauszuholen. Er sollte sich aber stets reiflich überlegen, ob er es sich leisten kann, so einen „Schnitt" zu wagen. Er sollte es nur tun, wenn er ganz sicher ist, sein Spiel zu gewinnen. Dann kann er nämlich unter Umständen dadurch, daß er die Zehn „fängt", die Gegner „Schneider" machen. Bei einem unsicheren Spiel jedoch sollte der Alleinspieler, zumal wenn er in Hinterhand sitzt, nur dann den Schnitt riskieren, wenn er allein dadurch sein Spiel gewinnen kann, und wenn die Gegner keine Trümpfe mehr haben, also das As bestimmt nicht wegstechen können. Als Alleinspieler sollte man es sich zum Grundsatz machen, nur dann eine Zehn zu schneiden, wenn man in Hinterhand sitzt.

Nun kommt aber auch der folgende Fall sehr oft vor: Der Alleinspieler muß mit einer zweimal besetzten Zehn in der Fehlfarbe spielen. Die Fehlfarbe kommt nicht auf den Tisch, d. h. seine Gegner spielen sie ihm nicht vor. Er ist also gezwungen, die Farbe selbst anzufassen. Natürlich spielt er nicht die Zehn, sondern — wenn er die Dame und die Sieben dazu hat — die Dame, in der Hoffnung, daß einer der Gegenspieler mit dem As darüber geht. Dann wäre er fein heraus, denn seine Zehn „steht" ja nun. Aber die Gegner denken gar nicht daran. Einer hat As, König und Acht dagegen, der andere nur die Neun. Auf die Dame fallen also König und Neun. Jetzt geht das Spiel weiter, bis der Alleinspieler wieder mit der verwünschten Farbe kommen muß. Er zieht die Sieben, sein Gegenspieler übernimmt mit der Acht. Und nun kann er sein As ziehen, denn die Zehn in der Hand des Alleinspielers ist nun blankgespielt, muß also fallen. Schneiden macht Spaß, wenngleich ein Risiko damit verbunden ist. Es hätte ja auch sein können, daß der Alleinspieler die Zehn gedrückt hat und nun das As einstechen kann. Aber meist kann man aus dem Verhalten des Spielers darauf schließen, ob er mit seiner besetzten Zehn im „Druck" ist oder nicht.

Die Zehn kann auch dann Ärger bereiten, wenn einer der Gegenspieler die Farbe, in der der Alleinspieler die Zehn hat, anspielt. Der Alleinspieler, der in Hinterhand sitzt, geht natürlich mit der Zehn darüber, falls das As nicht gefallen ist. Er ist ja froh, seine Zehn auf diese Weise nach Hause gebracht zu haben. Jetzt allerdings wissen seine Gegner Bescheid.

Das Spiel mit einer blanken 10 kommt nur bei Elitespielern vor, die unter den Skatspielern nur im Verhältnis 8:92 anzutreffen sind. Diese handeln entsprechend je nach Erkennung der Spiellage und der ihnen bekannten Mentalität ihrer Mitspieler. Es gibt nämlich eine Reihe von Spieler, die grundsätzlich immer unter dem As an-

spielen, da kann man auch mal eine blanke Zehn oben behalten und nur dadurch zum Gewinn eines an sich unsicheren Spieles kommen. In der Regel jedoch wird man immer noch mindestens 1 Karte dieser Farbe bei der Zehn stehenlassen, so daß nun getrost das dazugehörende As auf den Tisch gelegt werden kann.
Der Spieler muß bedienen und kann nicht stechen. Fällt so eine Zehn, wenn die betreffende Farbe erstmals gezogen wird, dann pflegen denn auch die Gegenspieler triumphierend im Chor zu sprechen: „Die hat er nicht blank in der Hand gehabt!"
Beim Handspiel kommt es allerdings gelegentlich vor, daß der Spieler, der ja den Skat nicht aufnehmen durfte, also auch nicht drükken konnte, mit einer blanken Zehn spielen muß. Auf eine blanke Zehn im Blatt ein Handspiel zu riskieren, setzt ein sehr gutes Blatt voraus. Andernfalls sollte man dann doch lieber passen. Nun zögern die Gegenspieler beim Handspiel aber nicht, ihre Asse zu ziehen, denn sie sagen sich, daß der Alleinspieler ja nicht drücken konnte, also hoffentlich in jeder Farbe eine Karte — oder deren mehrere — hat. Auf so ein As fällt dann ohnehin die blanke Zehn des Spielers. Andererseits kann er auch großes Glück haben und seine blanke Zehn heimbringen, wenn der Gegenspieler es nicht wagt, ein As anzuspielen. Deshalb: Bei Handspielen nicht die Asse schonen!

DAS SCHNEIDEN

Wir erwähnten ja schon im vorhergehenden Kapitel, daß es das Ziel des Schneidens ist, Zehnen herauszulocken. Eine goldene Skatregel heißt, man solle gegen den Mann niemals schneiden. D. h. also, wenn Meier der Spieler ist und Lehmann eine Karte in der Fehlfarbe zieht, dann soll Krause so hoch wie möglich übernehmen, statt seine Augen zu „schonen". Geht es gut, dann geht es. Übernimmt der Alleinspieler jedoch mit einer höheren Karte, dann „stehen" bei den Gegenspielern die folgenden. Und sticht er gar, dann macht das auch nicht allzuviel, denn der Spieler ist ja dadurch einen Trumpf los, also in Trumpf geschwächt.
Es gibt freilich Fälle, in denen sich auch das Schneiden „gegen den Mann" auszahlt. Aber dazu gehört viel Fingerspitzengefühl und Routine. Anfänger sollten sich also lieber an die goldenen Regeln halten und sich nicht auf Umwege einlassen.

Lehmann spielt. Ist Meier also am Ausspielen, so ist sein Weg zu Lehmann „kurz". Er spielt demgemäß eine Karte seiner längsten Farbe. Ist aber Krause am Ausspielen, so ist sein Weg zum Alleinspieler Lehmann lang, denn Meier sitzt ja dazwischen. Er muß also eine möglichst kurze Farbe ziehen. Man kann diese Regel wesentlich einfacher ausdrücken, wenn man sie so formuliert: Dem Freunde kurz, dem Feinde lang. Diese Regel gilt jedoch nur für den Anfänger zur Belehrung, später, nach gemachten Erfahrungen, darf man diese Regel auf keinen Fall immer anwenden.
Spielt Meier dem Alleinspieler Lehmann eine Farbe an, so ist Lehmann sein „Feind", wird also mit einer langen Farbe geärgert. Spielt Krause an, so sitzt Meier in Mittelhand. Der Weg zum Mitspieler, zum „Freunde" also ist kurz. Dem Freunde spielt er seine kürzeste Farbe an. Was hat das für einen Sinn? Nun, wir haben das ja vorhin schon gesehen, als wir uns über das Ausspielen der blanken Zehn unterhielten. Wenn Krause seinem Freund Meier eine möglichst blanke – also kurze Farbe – anspielt, dann sieht dieser klar. „Aha", sagt er sich. „Davon hat Krause nicht viel. Ich selbst habe nur das As und die Zehn – also müßte mein As jetzt durchgehen, denn soviele Karten kann Lehmann ja nicht in den Skat gelegt haben. Er hat also bestimmt noch etwas zum Bedienen." Und so ist es dann auch. Meier zieht also getrost das As, um zu übernehmen. Und er spielt gleich die Zehn hinterher. Lehmann muß bedienen, und Krause kann, falls die Karte, die er zog, wirklich blank war, nach Herzenslust „schmieren". Andrerseits kann die von Krause gezogene Farbe bei Meier sehr lang sitzen. Dann übernimmt er nicht gleich mit dem As, sondern mit Dame oder König. Hat er derart geschnitten, dann tat er's aus guten Gründen. Er ist nämlich in Trümpfen schlecht besattelt und darf hoffen, daß Krause allerlei Trümpfe gegen Lehmann hat. Er braucht also gar nicht zu riskieren, daß ihm sein As weggestochen wird, sondern kann es auf einen hohen Trumpf seines Mitspielers Krause zugeben.
Ist Meier am Ausspielen, zieht er, getreu der Regel, seine längste Farbe. Hat er das As, so wird er es nicht schonen, sondern gleich auf den Tisch bringen. Kann Lehmann bedienen, so ist es gut. Ist er aber in dieser Farbe renonce, dann kostet das vorgespielte As ihn einen Trumpf. Es hat also wenig Zweck, Augen zu „schonen" und die lange Farbe klein anzuspielen, denn oft genug kommt es vor, daß der Alleinspieler eine einzige Lusche in dieser Farbe hat,

die er nun billig loswird. Dann sitzt der Gegenspieler — in diesem Falle Meier — mit seinen hohen Karten da und ärgert sich, weil sie ihm eventuell im weiteren Verlauf des Spiels dadurch abgeholt werden, daß er sie auf Trumpf wegwerfen muß. Andrerseits kann Meier Lehmann mit seiner langen Farbe fürchterlich ärgern, indem er ihn immer wieder in Mittelhand bringt und ihm diese Farbe vorspielt. Lehmann sitzt nun in der Zwickmühle. Wirft er eine niedrige Karte in der Fehlfarbe ab, „schmiert" Krause hohe Karten. Sticht er, so schwächt er sich in Trumpf und Krause kann seine Karte reinigen, indem er Luschen wegwirft. Auf diese Weise ist schon manch ein Spiel verloren gegangen, das anfänglich ganz verheißungsvoll erschien.

Es wird Lehmann also gar nichts anderes übrigbleiben, als zu stechen, damit er aus der Zwickmühle herauskommt und nicht in einem fort eine Karte nach der andern in der langen Farbe von Meier vorgespielt zu bekommen. Aber ach — Meier paßt auf wie ein Schießhund! Zieht Lehmann nun Trumpf, so übernimmt er, wenn er kann, mit einer höheren Trumpfkarte und — spielt wieder seine lange Farbe. Oder aber er wartet, bis Lehmann eine Karte in einer Fehlfarbe zieht, die Meier übernehmen kann. Und — wieder kommt er Lehmann mit seiner lästigen langen Farbe! Sie sehen also, daß es sehr viel Sinn hat, die Regel: „Dem Freunde kurz — dem Feinde lang" zu beherzigen.

Wie es Ausnahmen von jeder Regel gibt, so auch von dieser. Setzen wir den Fall, daß Meier in Trumpf ganz gut besattelt ist, so daß er gern Trümpfe zum Einstechen verwenden will, ehe diese ihm von Lehmann abgeholt werden. Da spielt er dann eine blanke Karte. In dieser Farbe wird er dadurch renonce und kann dann stechen. Krause, der ja pfiffig ist, übersieht nach seinem Blatt, daß Meier gegen die Regel gespielt hat, denn er selbst ist in der von Meier angespielten Farbe ganz gut besattelt. Er zieht also, sowie er am Spiel ist, diese Farbe nach, Meier setzt einen kleinen Trumpf davor und Lehmann sieht mit Betrübnis auf diese Weise seine Zehn in dieser Farbe, die er allein noch hat, dahingehen.

Und Meier kann auf diese Weise kleine Trümpfe, die er sonst an Lehmann hätte abgeben müssen, teuer verstechen. Außerdem bringt er durch Übernahme eines Stichs Lehmann ja wieder in Mittelhand, was immer wünschenswert ist.

Mitunter geschieht auch Folgendes: Lehmann sagt „Herz" an. Krause, der Vorhand ist, besitzt nur einen einzigen Trumpf, und zwar einen kleinen. Er spielt diesen sofort an, obwohl die Gegenspieler im allgemeinen ja nicht Trumpf ziehen, sondern warten, bis ihr Gegner ihnen mit Trumpf kommt. Warum tut Krause das? Er will seinem Mitspieler Meier dadurch zeigen, daß er eben nur diesen einzigen Trumpf hat. Nun weiß Meier genau, wie die Trümpfe sitzen, denn gedrückt sind bestimmt keine! Der Spieler müßte erst noch geboren werden, der Karten von seiner Trumpffarbe in den Skat legt! Meier kann sich nun also seelenruhig seine Stiche aussuchen und darf sicher sein, daß sein Mitspieler Krause ihm darauf Augen zuwerfen wird. Hat Lehmann jedoch eine stolze, lange Trumpfflöte, so macht das auch nichts. Er spielt dann sowieso „von oben herunter", und das Spiel ist für ihn unverlierbar.

Eine weitere beherzigenswerte Regel ist diese: Hat einer der Gegenspieler den Karo-Buben im Blatt, so soll er diesen seinem Mitspieler dadurch zeigen, daß er ihn sogleich auf den vom Gegenspieler geforderten Trumpf zugibt. Warum? Das will ich Ihnen anhand eines Spiels erläutern.

Lehmann spielt Herz und hat:

Kreuz-Bube, Pik-Bube, Herz-König, Herz-Neun, Herz-Acht.

Meier hat:

Herz-Bube, Herz-As, Herz-Zehn.

Krause hat:

Karo-Bube, Herz-Dame, Herz-Sieben.

Gibt Krause auf den angespielten Pik-Buben nun gleich den Karo-Buben zu, so weiß Meier, daß der Karo-Bube also nicht beim Alleinspieler sitzt. Sein Herz-Bube, sein Herz-As und seine Herz-Zehn sind also gleichwertig, weil der dazwischensitzende Karo-Bube ja auf dem Tisch liegt. Er braucht den Herz-Buben also nicht zu halten, sondern kann ihn zugeben. Auf den danach ausgespielten Pik-Buben muß er allerdings seine Trumpf-Zehn opfern. Aber sein As macht nun bestimmt einen Stich. Wäre der Karo-Bube nicht auf den Tisch gekommen, hätte Meier seinen Herz-Buben halten müssen. Und der hätte nur zwei Augen eingebracht, statt deren elf, die das As bringt. Das ist immerhin eine Differenz von neun Punkten, die unter Umständen das Spiel zugunsten der Gegenspieler entscheiden können.

SPIELER IN MITTELHAND

Wir haben bereits mehrmals darauf hingewiesen, daß der Spieler nach Möglichkeit immer wieder in Mittelhand gebracht werden soll. Das ist sehr wichtig, weil er ja dann sofort bedienen, übernehmen, stechen oder abwerfen muß, sich also zu entscheiden hat, ohne zu wissen, was sein Gegenspieler in Hinterhand zu tun gedenkt. Oder umgekehrt: hat Krause eine Karte hingelegt, gibt Meier eine zu oder übernimmt den Stich. Lehmann, der Alleinspieler, übersieht die Lage und kann sich so verhalten, wie es für ihn am günstigsten ist. Und gerade das soll ja verhindert werden, denn das Bestreben der Gegenspieler ist es, die strategisch beste Position zu beziehen und dem Alleinspieler das Leben so schwer wie möglich zu machen. Meier ist also mit Recht auf Krause ärgerlich, wenn dieser „von hinten" immer wieder eine Farbe bringt, die bei ihm und Lehmann gar nicht mehr vorhanden ist. Damit ärgert er den Alleinspieler keineswegs, denn der sieht ja, was Meier abwirft, um ihn zum Stechen zu zwingen. Oder er selbst muß stechen, damit er Lehmann wieder in Mittelhand bringt. Beides ist ungünstig, denn wer gibt schon gern Augen weg? Und wer vergeudet gern Trümpfe? Krause muß also seinerseits lieber ein paar Augen opfern, damit Meier übernehmen oder stechen kann und Lehmann wieder in Mittelhand gerät. Natürlich läßt sich dies nicht immer durchführen. Hat Meier etwa einen König in der Fehlfarbe angespielt und Lehmann hat darauf eine Lusche weggeworfen, so wird Krause nicht mit der Sieben drunterbleiben, wenn er die Zehn oder gar das As hat. Selbstverständlich übernimmt er, um seine hohe Karte nach Hause zu bringen, wird aber nun seinerseits möglichst so geschickt spielen, daß er Meier wieder in Vorhand bringt.

Der Spieler jedoch setzt alles daran, nicht in die Zwickmühle zu geraten. Deshalb sticht er über, wann immer er kann. Und darüber lachen sich dann unter Umständen wieder Meier und Krause ins Fäustchen, weil sie beobachten, wie ihre eigenen Trümpfe dadurch hoch werden und ihnen später sichere Stiche einbringen werden. Es ist eben nicht so einfach, sich als Alleinspieler gegen zwei gewiegte Gegner zu behaupten. Und darum wird besonders der Skatanfänger nur ganz sicher erscheinende Spiele ausreizen. Später freilich liegt der Zauber des Skatspiels gerade im Risiko, im Kampf also, dessen Ausgang durchaus nicht von vornherein entschieden ist. Immerhin — bei aller Vorsicht wird der Anfänger zunächst manch ein Spiel aufs Verlustkonto buchen müssen, denn er macht Fehler, die sich verhängnisvoll auswirken. Dadurch soll er sich aber nicht entmutigen lassen, sondern im Gegenteil dankbar sein für das Lehrgeld, das er zahlt. Aus nichts lernt man so gut, wie aus den eigenen Fehlern! Und wenn der Anfänger nicht Allein-, sondern Mitspieler ist, wird er in der ersten Zeit manchen Tadel seines Partners einstecken müssen, der meist mit den Worten beginnt: „Mensch, wie konntest du . . .!" Dann soll er sich nicht die Butter vom Brot nehmen lassen, sondern entgegnen: „Schließlich hast auch du mal angefangen und Fehler gemacht!" Interessante Spiele sollte der Anfänger sich sogleich notieren, um sie hernach im stillen Kämmerlein für sich immer wieder durchzuspielen, alle Möglichkeiten erwägend, alle Schwächen und Fehler ausmerzend. Das ist ein Denksport, der nicht nur Spaß macht, sondern ungemein übt. Und - im stillen Kämmerlein ist kein eifriger Mit- und Gegenspieler, der ihn bei jedem Fehler sogleich mit Scheltworten kopfscheu machen könnte. Beim Skat wird nun einmal geschimpft, das liegt in der Natur der Sache. Es gibt heiße Köpfe und hitzige Diskussionen, und das Vokabular, dessen man sich bedient, ist nicht unbedingt salonfähig. Aber das Schelten gilt nicht dem Menschen, sondern allein dem Spieler. Und das ist ein großer Unterschied!

TRUMPF IST DIE SEELE DES SPIELS

Meistens wenigstens! Es gibt beim Reizen nämlich zwei Möglichkeiten: entweder der Spiellustige reizt auf seine reichlichen Trümpfe, oder er reizt auf die gute Nebenkarte. Im ersten Falle muß er Trumpf ziehen, und immer wieder Trumpf. Hat er etwa die Buben und dazu noch König, Dame und klein, dann spielt er munter von oben runter, bis alle Trümpfe gefallen sind. Er weiß ja: elf Trümpfe sind im Farbenspiel. Sind also neun gefallen, und er hat noch zwei, dann machen diese beiden sichere Stiche. Keiner kann sie ihm wegnehmen. Hat er aber nur den Karo-Buben, die Trumpf-Zehn, den Trumpf-König, die Trumpf-Neun, Trumpf-Acht und Trumpf-Sieben, dann kann er nicht von oben herunter spielen, sondern er zieht erst einmal klein, getreu dem Grundsatz: die Kleinen holen die Großen! Das geht auch ganz gut, es sei denn, die ihm fehlenden Trümpfe sitzen in einer Hand gegen ihn. In dem Falle wird man ihm sowieso Contra bieten, und er muß dann besonders vorsichtig und überlegt zu Werke gehen. Bei so einem Kartensitz wie der letztgenannte, kann es dem Spieler passieren, daß der Spieß umgedreht wird. Dann sagt sich nämlich sein Gegner, der die hohen Trümpfe in seiner Hand vereint hält: „Für mich ist Trumpf jetzt die Seele des Spiels." Und dann zieht er von oben runter seine Trümpfe, nämlich die drei Buben. Sein Mitspieler, der keinen Trumpf hat, schmiert kräftig, die Gegner haben das Spiel gleichsam im Spazierengehen gewonnen. Das war dann eben ein ganz schlechter Sitz, d. h. eine für den Spieler sehr unglückliche Verteilung der Karten. Dagegen ist kein Kraut gewachsen. Da muß auch der gewiegteste Skatspieler kapitulieren.
Nun der zweite Fall, in dem der Alleinspieler kurz ist in Trumpf, aber eine gute Nebenkarte hat. In solchem Fall geht er „auf die

Dörfer", d. h. er zieht erstmal die Asse in den Fehlfarben. Sofern er Asse und Zehnen hatte, wird er zwei Asse in den Skat gelegt haben und nur die Zehnen behalten. Wenn er Glück hat, gehen die Stiche alle durch. Er kann sein Spiel schon gewonnen haben, ehe überhaupt ein Trumpf auf den Tisch kam. Hat er Pech, d. h. ist einer der Gegner in der Farbe, in der er das As oder die Zehn ausspielte, Renonce, dann kostet das die Gegner einen Trumpf. Der Alleinspieler weiß nun: „Aha, in dieser Farbe sitzt alles gegen mich in einer Hand!" Er wird also die Farbe wechseln. Oder aber, wenn er As und Zehn nach Hause gebracht hat, spielt er auch noch den König hinterher. Ein Gegenspieler muß klein zuwerfen, der andere wird eine Lusche wegwerfen, denn es lohnt nicht, vier Augen einzustechen. Sticht er aber doch — umso besser. Dann ist wieder ein Trumpf gefallen. Sind auf diese Weise also schon zwei Trümpfe weg, kann der Alleinspieler sich wieder auf die Regel besinnen, daß Trumpf die Seele des Spiels ist. Er zieht nun Trumpf, klein oder von oben, wie es gerade nützlich erscheint oder möglich ist. Ein solch gutes Blatt ist oft dazu geeignet als Grand gespielt zu werden.

Es gibt bestimmt nicht wenig Spieler, die den Grundsatz vertreten: Gleich wieviel Trümpfe ich habe, ich ziehe welche, denn meine gute Beikarte verhilft mir immer wieder, an das Spiel zu kommen.

Anfänger möchte ich jedoch davor warnen, auf die gute Nebenkarte zu reizen. Sie sollen sich lieber daran halten, daß ein Spiel um so sicherer ist, je mehr Trümpfe man in der Hand hält. Und dann — nicht auf die Dörfer gehen, sondern immer wieder mit Trumpf kommen!

MITZÄHLEN IST WICHTIG!

Sie wissen, daß es das Ziel des Spielers ist, mindestens einundsechzig Augen einzubringen, denn andernfalls hat er verloren. Und ebenso ist es das Ziel der Gegenspieler, mindestens sechzig Augen einzuheimsen, denn dann haben sie gewonnen. Die erste Klippe ist genommen, die Gegenspieler sind „aus dem Schneider". Nun kommt es für sie nur noch darauf an, entweder zu gewinnen oder zu verlieren. Sie zählen also die Augen in ihren Stichen sorgfältig mit. Das Mitzählen der Augen beim Alleinspieler nützt ihnen nichts, weil sie ja nicht wissen, wie viele Augen er weggedrückt hat. Sind die Gegenspieler nun beim Mitzählen bis neunundvierzig gekommen, so sagen sie sich: ein As noch, und das Spiel ist für uns gewonnen! Sie riskieren also „die ganze Miete", was sie nicht täten, wenn sie nicht mitgezählt hätten. Geht das As durch, dann

– hurra! – haben sie gewonnen. Geht es nicht durch, wäre ohnehin nichts mehr für sie zu holen gewesen. Der Alleinspieler hat den Sieg errungen. Wer mitzählt, wird sich also gegen Ende des Spiels nicht mehr auf gewagte Winkelzüge einlassen, wie Augen schonen, einen Schnitt versuchen und dergleichen. Er hat es nicht nötig, denn für ihn gibt es ja nur noch das Entweder – Oder. Ein sehr guter Alleinspieler wird nicht nur seine eigenen Augen mitzählen, sondern auch die seiner Gegner.

Geradeso wie die Gegenspieler, zählt natürlich auch der Alleinspieler die Augen mit. Und zwar seine, denn er weiß ja, wieviele er als Grundlage weggedrückt hat. Dies Mitzählen ist ungeheuer wichtig, denn es bewahrt den Alleinspieler davor, leichtfertig etwas zu riskieren, wenn das gar nicht mehr nötig ist.

Nun werden aber nicht nur die Augen gezählt, sondern auch die Trümpfe. Elf sind draußen beim Farbenspiel, vier beim Grand. Wer es versäumt, die Trümpfe, die fallen, mitzuzählen, muß unter Umständen teuer dafür bezahlen. Es ist ihm entgangen, daß da noch eine kleine Trumpfkarte beim Gegner sitzt, die er andernfalls mit einem höheren Trumpf leicht hätte abholen können. Jetzt zieht er also getrost und guten Mutes ein As der Fehlfarbe und muß zu seinem Entsetzen erleben, daß es, da diese Farbe bei einem Gegenspieler nicht mehr vorhanden ist, mit dem lächerlichen kleinen Trumpf weggestochen wird. Das kann entscheidend sein, denn durch eine solche Unachtsamkeit geht vielleicht das im Grunde sichere Spiel verloren. Unter Umständen wird es auch gefährlich, wenn man Trumpf zieht, denn in diesem Falle macht man sich trumpfschwach und kann vielleicht zu einem späteren Zeitpunkt nicht mehr einstechen. Deshalb muß nochmals mit aller Deutlichkeit gesagt werden, Trümpfe nachhalten ist eine wichtige „goldene Regel" des Skatspiels.

Auch die Gegenspieler zählen die Trümpfe, denn sie setzen ja alles daran, diese herauszulocken, bis keiner mehr vorhanden ist, um dann ihrerseits gefahrlos hohe Karten der Fehlfarben nach Hause bringen zu können. Und nicht nur wieviele Trümpfe gefallen sind, müssen die Spieler wissen, sondern auch welche! Die *Anzahl* genügt also nicht, auf den *Wert* kommt es ebenso an. Weiß Lehmann zum Beispiel, daß bei seinem Gegenspieler Krause nur noch drei Trümpfe sitzen, so nützt ihm das wenig, wenn er nicht ebenso weiß, welche es sind. Denn Trumpf ist ja nicht gleich Trumpf. Die Sieben ist ungefährlicher als der Bube, das As zählt mehr als die Dame.

Ideal ist folgender Fall: Die Gegenspieler wissen, daß beim Alleinspieler noch drei Trümpfe sitzen und zwar kleine. Nun hat einer der Gegenspieler auch noch drei Trümpfe, und zwar höhere. Sein Mitspieler hat keinen Trumpf mehr. Was tut der in Trumpf gut besattelte Gegenspieler? Er versucht, in Vorhand zu kommen und holt nun die Trümpfe des Alleinspielers dadurch ab, daß er der Reihe nach seine hohen Trümpfe ausspielt. Der bedauernswerte Alleinspieler muß seine kleinen Trümpfe zuwerfen, der andere Gegenspieler schmiert wacker hochwertige Karten. Das Spiel wird zugunsten der Gegenspieler entschieden.

DIE BÖSEN MAURER

Was hat der Maurer mit dem Skat zu tun? Es handelt sich hier keineswegs um den braven Handwerker, der uns ein Haus baut, sondern um eine recht unerfreuliche Abart des Skatspielers. Im Skatjargon ist der Maurer ein Mann – oder auch eine Frau, denn es gibt ebenso begeisterte und befähigte Spielerinnen wie Spieler –, der sein ziemlich gutes Blatt nie ausreizt, sondern stattdessen paßt, um den Alleinspieler dann hereinzulegen, nachdem er ihm möglichst noch Contra geboten hat. Selbstverständlich ist es stets das Ziel der Gegenspieler, den Alleinspieler umzulegen, aber nicht auf unfaire Weise! „Mauern", also lieber auf sein Spiel verzichten, bloß um den Alleinspieler, der sich ja auf ehrliches Reizen verläßt, in den Abgrund zu stürzen, ist jedoch höchst unfair. Der Maurer sagt also nichts oder höchstens „18". Dann paßt er und – lauert auf die Beute! Man merkt sehr bald, ob man es mit einem solchen Maurer zu tun hat, und man kann sich in gewisser Weise gegen ihn schützen. Einmal dadurch, daß man selbst sehr vorsichtig reizt, zum andern dadurch, daß man selbst bei mittelmäßigem Blatt von vornherein paßt. Sitzt der Maurer in Hinterhand, wird er, der ja seiner Natur gemäß nicht gern etwas riskiert, auch passen. Es wurde also gar nichts angesagt, was zur Folge hat, daß Ramsch gespielt wird. Und beim Ramsch fällt der Maurer denn auch oft herein. Den Ramsch verliert in der Regel derjenige, der das relativ beste Blatt hat.
Schließlich kann man sich des Maurers dadurch erwehren, daß man ihm seine Unfairneß auf den Kopf zusagt und ihn vor die Alternative stellt: „Entweder du spielst ehrlich mit uns – oder gar nicht! Wir werden gewiß einen dritten Mann finden, der deinen Platz ausfüllt." Das hilft immer, wenngleich nur für eine gewisse Zeit. Dann fällt der Maurer wieder in seinen alten Fehler zurück und muß aufs neue zurechtgewiesen werden.

BLUFF

Bluffen ist nicht unfair! Jeder Spieler hat das gute Recht, sein Blatt zu verschleiern, die Gegner irrezuführen und dadurch das Beste für sich selbst herauszuholen. Nehmen wir an, Sie haben ein schwaches Spiel. Ihr Glück ist, daß Sie von einer Farbe nur eine Karte haben, die Sie hoffentlich billig loswerden. Die betreffende Farbe kommt also auf den Tisch. Sie ziehen nun ihre blanke Karte nicht sofort, sondern geben sich den Anschein, als hätten Sie die Wahl zwischen mehreren. Sie fassen also erst hierhin, ziehen eine Karte halb heraus, stecken sie wieder zurück, fassen dorthin, ziehen Ihre blanke Karte. Die Gegenspieler, die erfahrungsgemäß jede Geste und jeden Gesichtsausdruck des Feindes genau beobachten, ziehen nun den Schluß: „Aha, von der Farbe hat er noch was!" Und daraufhin kommt nun das As dieser Farbe auf den Tisch. Sie, der nichts mehr in dieser Farbe hat, stechen ein. Sie haben durch das kleine Manöver also ein wertvolles As „gefangen", das Ihnen sonst nie zugefallen wäre. Und wenn die Gegner nun schelten, dann dürfen Sie getrost erklären: „Ihr sollt nicht *mich* beobachten, sondern nach eurer *Karte* spielen. Ihr seid also selbst schuld, wenn Ihr falsche Schlüsse gezogen habt."
Zum Kapitel Bluff gehört es auch, daß Sie es sich nie anmerken lassen, wenn Sie schlecht im Skat fanden, oder daß Sie sonstwie im Druck sind. Dann ahnen die Gegner Ihre Schwäche. Und dann schlagen sie tapfer zu. Also — immer ein vergnügtes Gesicht machen, eine zuversichtliche Miene aufsetzen. Um so vergnügter, je höher Ihnen das Wasser am Halse steht. Der Bluffs gibt es noch viele. Sie werden schon von allein dahinter kommen. Man kann statt Bluffer auch höflicher, jedoch ebenso treffend sagen: „Sie sind ein guter Skat-Psychologe!" Schließlich ist jedes Spiel ein kleiner Dreikampf, und beim Kampf ist nun einmal jede Waffe recht.

DER KIEBITZ

Ebenso, wie der Maurer im Skatjargon kein Handwerker ist, ist der Kiebitz kein Vogel. Der Kiebitz ist vielmehr einer, der vom Skat viel versteht (oder sich das doch einbildet). Er gesellt sich der Spielrunde zu, ohne selbst mitzuspielen. Am liebsten umwandert er den ganzen Tisch, sieht sich jedes einzelne Blatt an und — kennt nun also alle Karten und deren Verteilung. Da ist's nicht schwer, klug zu sein, nicht wahr? Allein dies in die Karten-Gucken ist schon störend. Wenn der Kiebitz nun aber wenigstens den Mund hielte. Manchmal tut er's, aber dann ist seine Miene so beredt, drückt beispielsweise beim Anblick eines guten Spiels begeistertes Staunen aus, beim Anblick eines schlechten jedoch tiefen Kummer, daß die Spieler schon daraus mehr entnehmen können als recht und billig ist.

Meist ist der Kiebitz aber nicht stumm, sondern tut den Schnabel auf und stimmt seinen häßlichen Gesang an. Das klingt dann so: „Mensch, Meier, du mußt doch die Zehn anbieten!" Oder: „Nicht doch die lange Farbe von hinten!" Oder: „Trümpfe rausholen. Immer von oben runter!" Sowas hat keiner gern, denn es verwirrt und bringt die Spieler, die sich ja ihren Kriegsplan aufgestellt haben, völlig aus dem Konzept. Noch schlimmer wird es, wenn der Kiebitz gar die Hände nicht stillhalten kann, sondern beherzt eingreift, indem er Ihnen ins Blatt fällt und forsch diese oder jene Karte zieht, die sie gar nicht anspielen oder zuwerfen wollten. Dann muß man ihm gehörig auf die Finger klopfen, wenn auch nicht wörtlich, so doch im übertragenen Sinn. Nur keine zarten Töne gegenüber dem Kiebitz. Schweres Geschütz ist gerade richtig, zumal der Kiebitz, dieser häßliche Vogel, gegen Kanonendonner taub ist. Daheim, in der häuslichen Skatrunde, geht das ja noch. Man lädt von vornherein zwei Spieler ein, so daß keiner zum Kiebitzen übrigbleibt. Wie aber, wenn sich noch ein unerwarteter Gast einfindet? Auch da gibt es einen Ausweg, auf den wir im folgenden Abschnitt zu sprechen kommen werden.

DER VIERTE MANN

Gesellt sich so ein unerwünschter Vierter zur Runde, so macht man einfach einen erwünschten aus ihm, indem man ihn zum Mitspielen auffordert. Unsere Skatrunde: Lehmann, Krause, Meier erweitert sich also um den Vierten, den wir Schmidt nennen wollen. Die Sitzordnung sieht nun so aus:

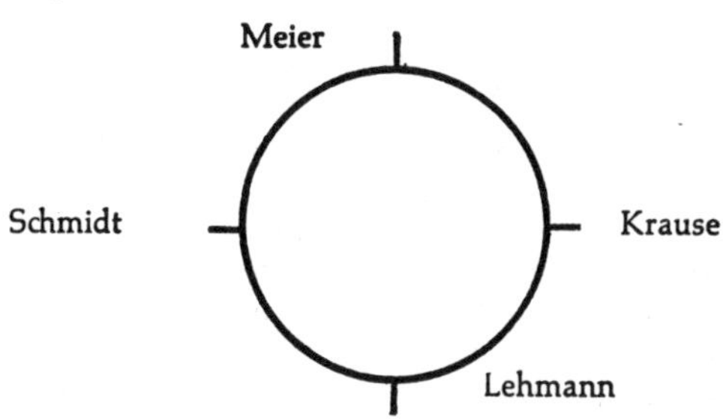

Da nur immer drei Spieler gleichzeitig spielen können, muß einer „sitzen", er spielt also nicht mit. Es „sitzt" immer der von vieren, der das Spiel gegeben hat. Schmidt, zwischen Lehmann und Meier, gibt das Spiel, weil sich das durch Ziehen der Karten so ergeben hat. Er teilt aus, wie wir das anfänglich gelernt haben, legt – unbesehen! – den Skat in die Mitte des Tisches und enthält sich nun möglichst des In-die-Karten-Guckens, denn sonst wird er ja wiederum zum Kiebitz. Lehmann, im Uhrzeigersinn vor Schmidt sitzend, ist nun also Vorhand. Er wird von Krause gereizt. Meier ist Hinterhand.

Das nächste Spiel gibt Lehmann, das folgende wird von Krause gegeben, das dritte von Meier. Und dann ist wiederum Schmidt an der Reihe, die Runde hat sich vollendet.

So ein Viererskat macht übrigens viel Spaß, es ist ganz nett, wenn sich jeder einmal zwischendurch erholen und ausruhen darf und nichts zu tun hat, als den Spielverlauf aufmerksam zu verfolgen, was wiederum ganz lehrreich ist für den „Sitzer". Allerdings gehört Charakterfestigkeit dazu, stumm zu bleiben, und durch Mienenspiel weder Unwillen noch Besserwisserei kundzutun. Und ein Besserwisser ist der jeweils „Sitzende" immer! Darauf können Sie sich verlassen. Er ist's wirklich, denn es ist ja sehr viel einfacher, unbeschwert zuzusehen, als selbst dem Druck der Verantwortung ausgesetzt zu sein. Man ist dann innerlich viel freier und – demgemäß scharfsichtiger und scharfsinniger. In der Skatordnung steht, daß der Skat vom Kartengeber nicht eingesehen werden darf. Ebenso darf er nicht in die Karten eines linken und rechten Nachbarn hineinschauen. Er darf immer nur nach einer Seite kiebitzen.

Sollten Sie also irgendwann einmal der vierte Mann sein, so halten Sie sich gut im Zaum. Durch neutrale Haltung machen Sie sich höchst beliebt. Noch etwas ist beim Viererskat zu bedenken. Das Anschreiben und Abrechnen ändert sich. Wir werden das behandeln, wenn wir zum Kapitel Buchführung gelangen.

DER BIERLACHS

Das ist eine Abart des Skats, wie sie vorwiegend im Restaurant beliebt ist. Hierbei werden allein die Minuspunkte angeschrieben, (wir gehen beim Kapitel „Anschreiben" und „Abrechnen" darauf ein, wie es vor sich geht). Man spielt so lange, bis einer der Spieler fünfhundert und einen Minuspunkt erreicht hat. Das ist dann der Verlierer, der eine Lage für die Skatrunde ausgeben muß. Meist handelt es sich um eine Lage Bier, deswegen der Name „Bierlachs". Nun will natürlich keiner gern Verlierer sein. Kritisch wird die

Lage für denjenigen, der sich der Fünfhunderteins bedenklich nähert. Nimmt jetzt einer der Mitspieler ein Spiel und gewinnt er es, dann wird sein Gewinn den beiden andern als Minus angeschrieben. (Wir sagten ja, beim Bierlachs gibt es nur Minuspunkte.) Das würde unter Umständen bedeuten, daß der gefährdete Mann die Fünfhunderteins-Grenze überschreitet. Er muß die Runde zahlen. Der Bierlachs ist beendet. Um das zu verhindern, bleibt demjenigen, der sich in der Gefahrenzone befindet, gar nichts anderes übrig, als nach Möglichkeit selbst zu spielen und — zu gewinnen. Dann wird sein Gewinn den Gegnern als Minus angeschrieben, wodurch vielleicht ein anderer in die Gefahrenzone gerät. Beim Bierlachs nimmt der Gefährdete also ganz zwangsläufig auch Spiele, die nur geringe Aussicht auf Erfolg bieten. Es geht ja dabei ums Entweder — Oder. Er könnte allerdings auch „mauern" und dadurch einen der nicht gefährdeten Mitspieler hereinzulegen versuchen. Aber abgesehen davon, daß Mauern in jedem Fall unfair ist, wird ihm dies auch schon deshalb nicht gelingen, weil die ungefährdeten Mitspieler sehr zurückhaltend oder gar nicht reizen. Sie brauchen es ja nicht, denn sie haben nichts zu riskieren, befinden sich durchaus nicht im Dilemma. Sie werden also nur todsichere Spiele ausreizen, und da wiederum muß der Gefährdete nach Möglichkeit mithalten und Kopf und Kragen riskieren. Wird nämlich das todsichere Spiel des Gegners von diesem gewonnen, dann ergibt dessen Gewinn für die beiden andern die entsprechenden Minuspunkte. Und damit hätte er ja dann dem an der Grenze stehenden Skatfreund „über den Berg" geholfen. Dieser hätte jetzt mehr als fünfhunderteins. Verloren!

So ein Bierlachs ist also nicht ohne Reiz. Es ist spannend zu beobachten, wie der Mann in der Gefahrenzone mit ein wenig Glück und viel Verstand den Kopf doch noch aus der Schlinge zieht. Geradeso spannend ist es natürlich für die Ungefährdeten, wenn sie erleben dürfen, wie ihr armer Skatbruder endgültig „baden geht". Meist bleibt es nicht bei einem Bierlachs, denn man ist ja gleichsam moralisch verpflichtet, dem Verlierer Revanche zu geben, d. h. die Chance, den nächsten Lachs zu gewinnen und somit ebenfalls in den Genuß einer Lage zu kommen, die er nicht bezahlen muß.

Wann aber endet nun so ein Spielabend, der nicht durch fünfhundert und einen Punkt begrenzt ist? Das ist allein Sache der Vereinbarung. Man spielt eine gewisse Zeit. Wenn man das Gefühl hat, daß man jetzt zum Ende kommen müsse, sagt man die drei letzten Runden an. Das sind also noch dreimal drei = neun Spiele. Meist werden diese drei letzten Runden in „Bock" gespielt. Sie zählen also, den Gewinn, sowie den Verlust betreffend, jeweils doppelt.

Durch dies doppelte Zählen gibt man demjenigen, der schlecht steht, noch eine letzte Chance, sich zu verbessern. Behält er seine Pechsträhne aber bei, kann er sich natürlich auch noch erheblich verschlechtern. Das ist ja der Reiz der Ungewißheit, der gerade das Skatspiel mit seinem schnellen Wechsel so faszinierend macht.

DAS ANSCHREIBEN

Beim Drei-Mann-Skat sieht die Buchführung so aus:
Wer die höchste Karte zog, also als erster gibt, setzt seinen Namen als ersten auf die Liste. Sagen wir, es ist Meier. Das sieht dann so aus:

Meier	Lehmann	Krause	Spiele	Bockrunden
— 36	—	—	— 36	
—	+ 40	—	+ 40	
—	+ 86	—	+ 46	
—	—	+ 120	+ 120	
— 124	—	—	— 88	
—	+ 146	—	+ 60	
— 4	—	—	+ 120	
+ 44	—	—	+ 48	
—	—	+ 80	— 40	
—	+ 192	—	+ 46	
+ 94	—	—	+ 50	
—	+ 142	—	— 50	
—	—	+ 103	+ 23	
—	—	+ 147	+ 44	
—	—	+ 101	— 46	
+ 140	—	—	+ 46	
—	+ 102	—	— 40	
—	—	— 2	+ 43	

Was kann man aus dieser Tabelle ablesen? Meier hat das erste Spiel gemacht und – verloren. Es war ein einfacher Karo = achtzehn. Verloren zählt stets doppelt, also werden ihm sechsunddreißig Minuspunkte angeschrieben. Das Spiel wird außerdem in der Rubrik „Spiele" notiert. Das ist eine gute Kontrolle, denn es kann ja vorkommen, daß dem Buchhalter beim Addieren oder Subtrahieren einmal ein Fehler unterläuft, der dann in der „Spiele-Spalte" leicht aufgedeckt werden kann. Das zweite Spiel machte Lehmann und gewann. Es war etwa ein Herz mit dreien. Mit dreien, Spiel vier mal zehn = vierzig. Auch das dritte Spiel machte Lehmann. Er

gewann sechsundvierzig, die seinem ersten Gewinn gleich zuaddiert werden.
Jetzt kommt ein durchgehender Querstrich. Er gestattet eine gute Übersicht, man kann dann leicht ablesen, wieviel Spiele in jeder Runde bereits gemacht wurden, also auch, wer mit dem Geben an der Reihe ist. Es ist nämlich kaum zu glauben, aber wahr, daß man oft genug vergessen hat, wer soeben gegeben hat.
In der zweiten Runde kommt nun Krause endlich zum Zuge. Er gewinnt hundertzwanzig, einen Grand mit vieren, Spiel fünf x 24 = 120. Ein Grand, der hundert oder mehr Punkte eingebracht hat, hat eine Bockrunde zur Folge. Dafür wird nun in der hierfür vorgesehenen Spalte ein senkrechter Strich gemacht. Jedes durchgeführte Bockspiel wird mit einem Querstrich abgezeichnet. Meier, der ohnehin schon in Minus ist, verliert das erste Spiel der Bockrunde, einen einfachen Pik, der zweiundzwanzig zählt. Verloren wird doppelt gerechnet, also vierundvierzig. Es ist aber Bockrunde, in der Gewinne und Verluste nochmals verdoppelt werden. Derart kommt Meier auf achtundachtzig Minuspunkte. Achtundachtzig und sechsunddreißig sind hundertvierundzwanzig, leider mit negativem Vorzeichen.
Jetzt gewinnt Lehmann ein Spiel, das dreißig gute Punkte einbringt. Weil wir in der Bockrunde sind, erhält er sechzig Pluspunkte, die den sechsundachtzig guten zugeschrieben werden, die er schon hat.

Dies mag genügen. Verfolgen Sie selbst den weiteren Verlauf der Tabelle, rechnen Sie mit. Werfen Sie zur eigenen Kontrolle immer wieder einen Blick auf die unter „Spiele" gemachten Notierungen. Wieviel Runden sind von Krause, Meier und Lehmann laut Tabelle gespielt worden? Richtig, sechs Runden. Sie können das schnell ermitteln, wenn Sie die Querstriche zählen. Wieviel Minusspiele, wieviel Plusspiele? Die Rubrik „Spiele" gibt Auskunft.
Es gibt verschiedene Methoden der Buchführung. Die hier gezeigte ist die guterprobte und bestbewährte. Ich empfehle Ihnen, sich daran zu halten, weil dabei Irrtümer so gut wie ausgeschlossen sind.
Wie sieht nun die Buchführung beim Vier-Mann-Skat aus? Auch hierzu ein übersichtliches Beispiel:

Meier	Schmidt	Lehmann	Krause	Spiele	Bockrunden
—	+ 36	—	—	+ 36	
+ 92	—	—	—	+ 92	
—	+ 96	—	—	+ 60	
—	—	+ 18	—	+ 18	

Meier	Schmidt	Lehmann	Krause	Spiele	Bockrunden
—	—	62	—	+ 44	
+ 48	—	—	—	— 44	
—	+ 132	—	—	+ 36	
—	—	+ 2	—	— 60	
—	—	—	+ 80	+ 80	
—	—	—	+ 124	+ 44	
0	—	—	—	— 48	
—	—	+ 56	—	+ 54	
—	—	—	+ 100	— 24	
+ 45	—	—	—	+ 45	
—	+ 156	—	—	+ 24	
—	—	+ 23	—	— 33	
—	— 116	—	—	— 40	
+ 90	—	—	—	+ 45	
—	—	—	+ 136	+ 36	
—	—	+ 73	—	+ 50	

Es wurden also fünf Runden mit insgesamt zwanzig Spielen gemacht. Bockrunden sind nicht entstanden. Von den zwanzig Spielen gingen sechs verloren. Auf denjenigen, der beim Viererskat gab, also nicht mitmachte, entfallen naturgemäß während seines „Sitzens" keine Spiele. Sie sehen also, daß man alles Wesentliche leicht, gleichsam mit einem Blick, aus der Buchführungstabelle ablesen kann.

Selbstverständlich will auch das richtige Anschreiben geübt sein. Wenn Sie also die Übungsspiele „im stillen Kämmerchen" durchführen, die ich Ihnen empfahl, so machen Sie dazu auch gleich die notwendige Buchführung.

Beim Bierlachs sieht die Buchführung anders aus. Es gibt da nur Minuspunkte.

Meier	Lehmann	Krause	Spiele	Bockrunden
— 40	—	— 40	+ 40	
—	— 59	— 99	+ 59	
— 88	—	—	— 44	
—	— 179	— 219	+ 120	
—	— 271	— 311	+ 92	
— 148	— 331	—	+ 60	
—	— 397	— 377	+ 66	
—	—	— 423	— 46	
— 203	— 452	—	+ 55	
—	— 532	—	— 80	

Auch diese Tabelle ist sehr aufschlußreich. Wir lesen ab: Lehmann gewann das erste Lachsspiel mit vierzig. Er bekommt nichts angeschrieben, aber die beiden Verlierer erhalten vierzig Minuspunkte. Das zweite Spiel, einen Null-ouvert aus der Hand, gewann Meier. Entsprechend werden Lehmann und Krause je neunundfünfzig Minuspunkte angekreidet. Das folgende Spiel hat Meier verloren. Er bekommt seinen Verlust angeschrieben. Lehmann und Krause gehen leer aus. Jetzt aber holt Meier auf. Er gewinnt einen Grand, der ihm hundertzwanzig Punkte einträgt. Diese erscheinen als Minuswerte bei Lehmann und Krause. Damit ist eine Bockrunde entstanden. Meier gewinnt einen Null-ouvert, der ja nun wegen der Bockrunde doppelt zählt und zweiundneunzig einbringt. Je zweiundneunzig Minuspunkte für die Gegenspieler.
Bitte, verfolgen Sie selbst anhand der Tabelle den weiteren Spielverlauf. In der dritten Runde gerät Lehmann in die Gefahrenzone. Er spielt Herz einfach, bekommt von Krause Contra geboten und verliert sein Spiel. Es kostet: Herz mit einem, Spiel zwei, verloren vier, Contra acht = achtzig Minuspunkte. Und damit hat der arme Lehmann die Grenze von fünfhunderteins überschritten. Er muß eine Lage Bier ausgeben. Der Lachs ist zu Beginn der vierten Runde also bereits entschieden. Die Bockrunde, die durch Lehmanns verlorenen Contra entstand, braucht nicht mehr gespielt zu werden.

DIE ABRECHNUNG

Im allgemeinen spielt man Skat um Geld. Es geht dabei freilich nicht um große Summen, denn der Skat soll ja nicht zum Glücksspiel ausarten. Im allgemeinen begnügt man sich damit, um den Zehntelpfennig zu spielen. Wem das Geld aber lose in der Tasche sitzt, der spielt um den halben Pfennig, wenn nicht gar um den ganzen. Aber das sind dann schon „kapitalistische Auswüchse", wie sie am Stamm- und Familientisch kaum vorkommen. Man will sich ja nicht bereichern, sondern dem Spiel durch einen gewissen Geldwert mehr Reiz verleihen. Es kommt hinzu, daß man in der Regel maßvoller reizt, wenn's um die Pfennige geht, die ja keinem allzu locker in der Tasche sitzen. Ohne Geldgewinn bzw. -verlust würde manch ein übermütiger Skatspieler auch sehr unsichere Spiele ausreizen, was zur Folge hätte, daß ein anderer sein wirklich gutes Spiel nicht machen kann, weil er überreizt worden ist.
Auf unseren Buchführungstabellen, mit Ausnahme des Bierlachses, bei dem es ja allein darum geht, wer die nächste Lage Bier zahlt, wurde dem Gewinner sein Gewinn als Pluswert angeschrieben, sein

Verlust wurde ihm abgezogen. Bei der Abrechnung wird aber auch der Gewinn, bzw. der Verlust der übrigen Spieler berücksichtigt. Nehmen wir an, die drei Spieler Meier, Lehmann und Krause haben ihre letzte Runde hinter sich gebracht und wollen nun abrechnen. Der Stand sieht nach Beendigung der letzten Runde so aus: Meier hat minus 448, Lehmann hat plus 120, Krause hat plus 296.

Also:

Meier	Lehmann	Krause
– 448	+ 120	+ 296

Meier hat an Lehmann 448 verloren und Lehmann hat von Meier noch 120 gewonnen. Meier hat also an Lehmann 568 verloren. Meier bekommt – 568 angeschrieben, Lehmann + 568. Meier hat aber auch an Krause seine 448 verloren, außerdem noch 296, zusammen also 744, die Krause seinerseits gewonnen hat. Krause + 744.

Lehmann hat zwar von Meier 568 gewonnen, an Krause aber hat er, da er 120 und Krause 296 gewonnen hat, 176 verloren. Zusammen hat Lehmann also 392 gewonnen. Krause hat von Meier 744 und von Lehmann 176, zusammen also 920 gewonnen.

Wenn man erwägt, daß jedem Spieler der Betrag seiner Spiele doppelt, der seiner Gegner jedoch einfach zu berechnen ist, so verliert Meier 896 (also zweimal 448) plus 120 plus 296 = 1312. Lehmann bekommt von jedem 120, das macht 240, von Meier bekommt er außerdem noch 448, im ganzen also 688, wovon er jedoch an Krause 296 bezahlen muß, so daß ihm 392 bleiben. Krause bekommt von jedem 296, zusammen also 592, und dazu noch von Meier 448, zusammen also 1040. Hiervon muß er an Lehmann 120 zahlen, so daß ihm 920 verbleiben.

Meier	Lehmann	Krause
— 448	+ 120	+ 296
— 568	+ 568	+ 744
— 744	— 176	+ 176
— 1312	+ 392	+ 920

Anders sieht die Abrechnung beim Viererskat aus. Schmidt hat sich zu Meier, Krause und Lehmann gesellt, und als der Skatabend zu Ende ist, haben die vier folgenden Stand erzielt:

Meier	Schmidt	Lehmann	Krause
+ 264	– 104	+ 512	– 316

Die Ausrechnung wird nun, wenn auch nicht komplizierter, so doch länger, denn die Berechnungen der Gewinne und Verluste umfassen ja nun vier Spieler, statt deren drei. Wollen wir doch einmal feststellen, wer den Höchstgewinn des Abends davonträgt, und wer am meisten zu zahlen hat. Es liegt auf der Hand, daß sich bei vier Spielern die Umsätze erhöhen, im Gegensatz zu den Ergebnisen, die die Ausrechnung bei drei Spielern ergibt.

Also gut mitrechnen!

Meier	Schmidt	Lehmann	Krause
+ 264	— 104	+ 512	— 316
+ 368	— 368	+ 248	— 580
— 248	— 616	+ 616	— 212
+ 580	+ 212	+ 828	— 828
+ 700	— 772	+ 1692	— 1620

Den Höchstgewinn des Abends streicht also Lehmann ein. Er bekommt, da man um den Zehntelpfennig spielte, 1,69 DM. Meier hat 0,70 DM gewonnen. Zahlen müssen Schmidt und Krause, und zwar Schmidt 0,77 DM, Krause 1,62 DM. Rechnen Sie nach, es geht genau auf. Unsere Abrechnungstabelle stimmt also.

Es ist ein hübscher, die Geselligkeit fördernder Brauch, daß Skatbrüder, die zu regelmäßigen Spielabenden zusammenkommen, ihre Gewinne nicht einstreichen, sondern sie in eine gemeinsame Kasse zahlen. Hat sich ein erkleckliches Sümmchen angesammelt, so wird dieses im Rahmen einer gemeinsamen Unternehmung derart verbraucht, daß jeder den gleichen Anteil aus der Kasse erhält. Beim Dreierskat also jeweils ein Drittel der Summe, beim Viererskat ein Viertel.

Und damit dürfen wir unsere Skatrunde verlassen. Wer bis hierher aufmerksam gefolgt ist, wird bald selbst Teilnehmer einer solchen netten Runde sein.

abwerfen:
eine unerwünschte Karte möglichst billig loswerden.

Ältester oder Alter:
der Kreuz-Bube, der — außer bei Nullspielen — der höchste Trumpf ist.

anbieten:
eine Karte, die Augen zählt, hinlegen, um den Spieler zum Stechen zu zwingen und ihn dadurch in Trümpfen zu schwächen.

ansagen:
beim Handspiel erklären, daß man die Gegner Schneider oder gar schwarz spielen werde. (‚Angesagt' zählt bei der Abrechnung mit!)

anschreiben:
die verlorenen oder gewonnenen Spiele, ihrem Wert entsprechend, notieren.

anspielen:
Vorhand zieht die erste Karte des jeweiligen Spiels, er „spielt also an".

Atout:
gebrauchtes Fremdwort für Trumpf.

aufnehmen:
die beiden Karten, die im Skat liegen, ansehen und eventuell austauschen.

Augen:
Punktwert der einzelnen Karte.

Augen schonen:
nicht den Mut haben, hohe Karten auszuspielen oder zuzuwerfen, was sich mitunter bitter rächt.

ausreizen:
das Spiel so weit reizen, wie es irgend geht.

baden gehen:
ein Spiel verlieren.

bedienen:
eine Karte in der geforderten Farbe zugeben.

Bierlachs:
nur die Minuspunkte werden angeschrieben. Wer als erster Minus 501 erreicht, muß eine Lage ausgeben.

bieten:
s. *reizen.*

billig:
ein Spiel, das nicht viel zählt, ist „billig". Z. B. Karo einfach = achtzehn.

blank:
eine Karte in der Farbe, von der man sonst nichts hat, sitzt ‚blank'.

blank spielen:
eine Karte mit hohem Wert, die besetzt war, wird im Verlauf des Spiels blank.

Blatt:
die zehn Karten, die jeder nach dem Austeilen in der Hand hält.

Blinde:
Die gedrückten beiden Karten, die der 3. Spieler nicht mehr ansehen darf, beim Ramsch.

bluffen:
die Gegner oder den Spieler durch geschicktes Ausspielen täuschen.

Bock:
eine Runde, in der Gewinn und Verlust doppelt hoch angerechnet werden. Auch Ansage: Contra, Re, „Bock" ...

Buben:
in der Reihenfolge Kreuz, Pik, Herz, Karo die höchsten Trümpfe.

buttern:
dem Mitspieler Karten von hohem Wert zuwerfen.

Chauffeur:
s. *Kutscher.*

Coeur:
oft gebrauchtes Fremdwort für „Herz".

Contra:
ein Gegenspieler, der glaubt, das Spiel des Alleinspielers zum Verlust bringen zu können, bietet Contra, — gelingt dies den Gegenspielern, hat der Alleinspieler das verlorene Spiel doppelt zu bezahlen.

Dörfer:
auf die Dörfer gehen sagt man, wenn der Alleinspieler seine hohen Nebenkarten zieht, statt Trumpf. Er tut das tunlichst nur dann, wenn er in Trumpf sehr schwach ist.

drücken:
zwei lästige Karten gegen die im Skat gefundenen austauschen.

drunterbleiben:
einen Stich nicht übernehmen, sondern eine niedrige Karte zuwerfen.

Durchmarsch:
beim Ramsch so spielen, daß man — statt zu wenig Augen wie möglich — sämtliche hundertzwanzig Augen einheimst.

einstechen:
Stich mit Trumpf übernehmen, wenn man nicht mehr bedienen kann.

einunddreißig:
eine wichtige Punktzahl, die bedeutet, daß Spieler wie Gegenspieler aus dem Schneider sind. Entgegen der Skatordnung wird vereinzelt noch so gespielt, daß die Gegenspieler bereits aus dem Schneider sind, wenn sie nur 30 erreichen.

erhöhen:
statt des anfänglich geplanten Spiels eines machen, das mehr Punkte einbringt. Erhöhen darf man aber nur, solange man das Spiel noch nicht angesagt hat. Nachträgliche Änderungen sind verboten.

fangen:
durch geschicktes Schneiden dem Gegner die Zehn abholen.

Farbe:
Kreuz, Pik, Herz, Karo sind die vier „Farben" des Skats.

Fehlfarbe:
s. *Renonce.*

festsitzen:
den Mitspieler nicht ans Spiel bringen können oder gezwungen sein, eine unerwünschte lange Farbe spielen zu müssen.

Finde:
im Skatjargon gebräuchlicher Ausdruck für die beiden Karten im Skat.

Flöte:
eine lange, möglichst geschlossene Reihe von Trümpfen.

forcieren:
den Mitspieler oder Gegner zum Ausspiel einer Karte zwingen, die der eigentlich nicht auf den Tisch bringen wollte.

geben:
die Karten austeilen.

gewinnen:
der Spieler gewinnt, wenn er mindestens einundsechzig Augen in seinen Stichen hat. Die Gegenspieler gewinnen mit sechzig Augen. Beim Null und Null-ouvert gewinnt der Spieler, wenn er keinen Stich macht. Andernfalls haben die Gegenspieler gewonnen. Beim Ramsch gewinnt derjenige, der die geringste Augenzahl in seinen Stichen hat, oder aber der, dem ein „Durchmarsch" gelingt, d. h., daß er sämtliche Stiche einheimst.

Grand:
das „Großspiel", bei dem die Buben in der Reihenfolge Kreuz, Pik, Herz, Karo die höchsten Trümpfe sind. Ihnen folgen die Asse, Zehnen, Könige und Damen, gleichviel in welcher Farbe.

Grand ouvert:
Das höchste und teuerste Spiel im Skat, das immer ein Handspiel ist, bei dem der Alleinspieler seine 10 Handkarten vor Beginn des Spiels auflegt. Zählwert = 36 (statt 24 bei normalem Grand).

Großmutter:
s. *Kutscher.*

Gucki:
ein oft gebrauchter Ausdruck für Spiele, die nicht „Hand" gespielt werden, bei denen also der Skat aufgenommen wird.

Hand:
ein Spiel, bei dem der Skat nicht aufgenommen wird.

hinlegen:
der Spieler darf sein Blatt dann offen auflegen, wenn er sicher ist, daß sämtliche Stiche an ihn gehen. Achtung! — unterläuft ihm hierbei ein Irrtum, gilt das Spiel als verloren!

hinterbleiben:
einen Stich nicht übernehmen. Auch: eine gute Karte solange aufheben, bis sie einen sicheren Stich macht.

Hinterhand:
derjenige, der als Dritter seine Karte zulegt.

Hirsch:
beim Contra-Spiel wird mitunter über Contra, Re und Bock bis „Hirsch" getrieben.

hochspielen:
so spielen, daß eine Karte solange aufgehoben wird, bis sie einen sicheren Stich macht. Oder auch: durch geschicktes Spiel dem Gegner eine Karte blankspielen, bzw. durch ungeschicktes Spiel dem Partner eine Karte blankspielen, die dann gestochen wird.

hochtreiben:
beim Reizen solange mithalten, bis einer der Spieler eine hohe Ansage macht. Dann passen.

Junge:
oft gebrauchtes Wort für Bube.

Jungfer:
beim Ramsch ohne einen Stich davonkommen. Gelingt es einem Spieler, „Jungfer" zu werden, bekommt der Verlierer die doppelte Punktzahl angeschrieben.

Kiebitz:
der — meist unbeliebte — Nichtspieler, der den andern in die Karten sieht und durch Miene oder Bemerkung deren Spiel verrät, wenn er nicht gar „weise Ratschläge" erteilt.

Kontra:
s. *Contra.*

kurz:
eine Farbe ist „kurz", wenn man nur eine oder doch wenige Karten von ihr im Blatt hat.

Kutscher:
auch „Chauffeur" oder „Großmutter" genannt; ein Spiel, bei dem man keinen „Skatverstand" gebraucht, also eines, das nicht umzulegen ist.

lang:
eine Farbe ist „lang", wenn man von ihr viele Karten im Blatt hat.

Langer Weg:
die Entfernung des ausspielenden Gegenspielers zum Alleinspieler. Beispiel: Krause spielt aus, Lehmann ist der Alleinspieler. Der Weg von Krause, der ja über Meier geht, ist also lang. (Umgekehrt ist Meiers Weg zu Lehmann kurz!)

Lusche:
Karte ohne Zählwert.

Maurer:
sind solche Spieler, die trotz guten Blattes nicht oder nicht hoch reizen, um dann den Alleinspieler zu Fall zu bringen oder gar Contra zu bieten. Sie sind mit Recht als unfaire Spieler verrufen. Ein ehrlicher Skatspieler mauert nie!

Miete; die ganze — kassieren:
den ganzen Einsatz riskieren.

mit:
„mit" einem, zwei oder drei, wenn nicht gar vier Buben entscheidet den Wert eines Spiels.

Mittelhand:
wenn Lehmann ausspielt, ist Krause Mittelhand, ihm folgt Meier als

Hinterhand. Eine goldene Skatregel heißt, daß man den Alleinspieler möglichst immer wieder in Mittelhand bringen soll.

mitnehmen:
einen Stich an sich bringen.

mitzählen:
ist ungemein wichtig, und zwar sowohl das Mitzählen der Augen in den Stichen, als auch das Mitzählen der bereits gefallenen Trümpfe.

nachbringen:
die vom Partner gezogene Farbe wieder auf den Tisch bringen, nachdem man einen Stich übernommen hat und demgemäß in Vorhand sitzt.

Null, Null-ouvert:
Spiele, bei denen der Alleinspieler keinen Stich machen darf, um zu gewinnen.

offen:
der Zwang, vor dem ersten Stich die Karten offen auf den Tisch zu legen. Dies bezieht sich nur auf den Alleinspieler und wird beim Null-ouvert verlangt. Gemäß der Skatordnung ist es auch beim Grand-ouvert erforderlich. Grand-ouvert, ein Spiel, das angesagt werden muß und dann entsprechend mitzählt beim Anschreiben. Der Grand-ouvert muß so gut sein, daß die Gegenspieler nach Einsichtnahme in die vom Alleinspieler aufgelegten Karten keinen Stich an sich bringen können.

ohne:
bezieht sich auf das Fehlen des oder der höchsten Buben. Wer nur den Herz-Buben oder den Herz- und Karo-Buben hat, besitzt ein Spiel ohne zwei.

passen:
die Ansage, die bedeutet, daß einer der Spieler nicht weiter zu reizen gedenkt.

Patrouille:
mit einer Patrouille spielen, legt dem Alleinspieler den Zwang auf, den allerletzten Stich mit seiner Trumpf-Sieben zu machen. Spielt er mit zwei Patrouillen, müssen Trumpf-Acht und Trumpf-Sieben die beiden letzten Stiche machen. Patrouille zählt mit! D. h. beim Kreuzspiel werden dem Spieler zwölf Punkte zugeschlagen, bei zwei Patrouillen vierundzwanzig. Sagt er — was nur beim Handspiel möglich ist — Patrouille an, so zählt auch „angesagt" weitere zwölf Punkte. Beim Pikspiel elf, beim Herzspiel zehn, beim Karospiel neun Punkte.

quetschen:
wird im Skatjargon oft für „drükken" angewandt.

Ramsch:
das Spiel ohne Ansage, also auch ohne Trumpf, bei dem derjenige verliert, der die meisten Augen in seinen Stichen hat.

Raupenfraß:
ein schlechtes Kartenblatt.

Re:
sagt der Alleinspieler d a n n auf Contra, wenn er glaubt, sein Spiel zu gewinnen.

reinigen:
das Blatt dadurch verbessern, daß man die Luschen möglichst billig loszuwerden trachtet.

reizen:
der Vorgang, der jedem Spiel vorausgeht und entscheidet, wer das höchste Angebot macht, also Alleinspieler wird.

Renonce:
in einer Farbe renonce sein, bedeutet, daß der Alleinspieler oder einer der beiden Gegenspieler in dieser Farbe nicht eine Karte hat.

Revolution:
das Null-ouvert-Spiel, das so gut ist, daß es nicht nur aus der Hand gespielt werden kann, sondern daß der Spieler sofort sein Blatt aufdeckt und den Gegenspielern ge-

stattet, ihre eigenen Karten beliebig auszutauschen. Eine „Revolution" ist also unschlagbar und zählt zweiundneunzig Punkte. Die Skatordnung erkennt sie nicht an.

Rollmops:
siehe Wollkopf

Runde:
besteht normalerweise aus drei Spielen. Hat also Meier das erste Spiel der Runde gegeben, so endet die Runde, nachdem Krause das dritte Spiel gegeben hat und dieses vollendet ist. (Bei 4 Spielern besteht eine Runde aus vier Spielen).

Schieberamsch:
wie Ramsch, aber Vorhand nimmt den Skat auf, darf zwei Karten dafür ablegen und schiebt diese verdeckt Mittelhand zu. Mittelhand darf wiederum austauschen und schiebt nun seinerseits die verdeckten beiden Karten Hinterhand zu. Hinterhand tauscht wiederum aus, falls ihm dies günstig erscheint, und die beiden von ihm weggelegten Karten bleiben nun verdeckt liegen und werden, ihren Augenwert betreffend, am Ende dem Verlierer zugeschlagen, oder dem der den letzten Stich macht, je nach Vereinbarung.

schmieren:
dasselbe wie „buttern", also hochwertige Karten zuwerfen, um einen Stich „fettzumachen".

schneiden:
solange unter der Zehn bleiben, bis diese fallen muß.

Schneider:
Der Alleinspieler, wie die Gegenspieler sind Schneider, wenn sie weniger als 31 Augen erreicht haben.

Schreiber:
ist derjenige, der die Buchführung übernommen hat.

schwarz:
bedeutet, daß die Gegenspieler nicht einen einzigen Stich machen.

Sieben:
eine gefährliche Zahl, denn oft genug geht ein Spiel mit sieben Trümpfen verloren, und zwar dann, wenn der Spieler zu den sieben allein zum Gewinn nicht ausreichenden Trümpfen drei Luschen im Blatt hat.

sitzenbleiben:
auf der Reizung sitzenbleiben, d. h. ein unerwünschtes Spiel übernehmen müssen, weil die beiden anderen Spieler sofort passen.

Skat:
ist nicht nur der Name des Spiels, sondern auch die Bezeichnung für die beiden Karten, die nach dem Austeilen verdeckt auf dem Tisch liegen.

Spitze:
ein oft für Patrouille gebrauchter Name. Siehe Patrouille.

stechen:
die angebotene Fehlfarbe mit Trumpf übernehmen, da man nicht mehr bedienen kann.

stehen:
eine nicht sehr hohe Karte kann nicht überboten werden, weil die höheren bereits aus dem Spiel sind. Sind also As und Zehn von einer Farbe bereits gefallen, so „steht" der König.

Stich:
die jeweils drei Karten, die an den Alleinspieler gehen oder an dessen Gegner. Jedes Spiel besteht aus zehn Stichen.

Sup = supra oder Bock
die Dritte und letzte Steigerung beim Spiel mit Contra.

taufen:
ein oft gebrauchter Ausdruck für Ansagen des Spiels. Sagt einer also „Grand" an, so hat er sein Spiel getauft.

Treff:
ist eine andere Bezeichnung für Kreuz.

Trumpf:
sind — beim Farbenspiel — die elf

Karten, die durch Ansage deklariert wurden.

übernehmen:
den Stich an sich bringen.

überstechen:
ein Spieler sticht, weil er nicht mehr bedienen kann. Der nächste geht mit einem höheren Trumpf darüber, so daß er dadurch den Stich an sich bringt.

umlegen:
besiegen, schlagen.

umwerfen:
oder umbringen, ummachen. Die Gegenspieler gewinnen gegen den Alleinspieler.

vergeben:
der Austeiler hat sich geirrt, so daß einer etwa elf Karten erhielt, ein anderer dementsprechend nur neun in der Hand hat. Ein vergebenes Spiel ist ungültig und muß nochmals ausgeteilt werden.

verlieren:
der Alleinspieler braucht einundsechzig Augen in seinen Stichen. Hat er weniger, ist sein Spiel verloren. Die Gegenspieler haben verloren, wenn sie nur neunundfünfzig Augen oder weniger in ihren Stichen haben.

verwerfen:
einer der Spieler bedient nicht, obwohl er noch Karten von der geforderten Farbe in der Hand hat. Das Spiel gilt dann für ihn als verloren.

vorsetzen:
eine angespielte Karte mit Trumpf übernehmen, weil man nicht mehr bedienen kann und nicht abwerfen will.

weglegen:
bedeutet dasselbe wie drücken. Siehe drücken.

wegnehmen:
einen, der gern spielen möchte, überreizen, ihm also sein Spiel abnehmen.

wegwerfen:
eine Lusche oder sonst lästige Karte billig loswerden.

wimmeln:
häufig für „buttern" oder „schmieren" gebraucht.

Wollkopf:
eine Kartenkonstellation, bei der man je vier Trümpfe in jeder Farbe hat. Also: zwei Buben und dazu zwei Karten in jeder Farbe. So ein Wollkopf verleitet zum Contrasagen. Man überlege sich das aber reiflich, denn man muß ja in jeder Farbe zweimal bedienen, was das Spiel für den Alleinspieler günstig entscheiden kann. In manchen Gegenden auch „Rollmops".

Zange:
den Alleinspieler in Mittelhand bringen, ihn also gleichsam in die Zange nehmen.

Zinken:
eine betrügerische Manipulation, bei der ein unreeller Spieler die Karten auf deren Rückseite durch geheime Zeichen so kenntlich gemacht hat, daß er sie erkennt.

zugeben:
bedienen oder abwerfen.

Zwangsspiel:
ein Spiel, das man gar nicht machen wollte, das sich aber durch den Skat ergibt. Etwa dann, wenn man zu einem Spiel ohne drei den ältesten Buben findet. Es zählt nun mit einem, ist also billiger geworden. War es ausgereizt, muß der Spieler sich für einen Grand entscheiden oder für einen Null-ouvert. Oder er muß versuchen, die Gegner Schneider zu machen.

Zwickmühle:
der Alleinspieler befindet sich in einer Klemme. Man spielte ihm ungünstig an, er überlegt nun, ob er stechen soll oder abwerfen. Ob er schneiden oder den Stich mitnehmen soll.

Skatordnung

1.0 Allgemeines

1.1 Begriff des Skatspieles

1.11 Das Skatspiel ist ein Kartenspiel, das von drei oder mehr Personen gespielt wird. Die einzelnen Spiele werden von einem Alleinspieler und zwei Gegenspielern durchgeführt.

1.12 Das Skatspiel ist in Altenburg (Thüringen) im Beginn des 19. Jahrhunderts entstanden und hat sich aus älteren Kartenspielen in seiner heutigen Gestalt zum beliebtesten und verbreitetsten deutschen Kartenspiel entwickelt. Skat wird aber in aller Welt gespielt.

1.13 Zwei verdeckt, gesondert gelegte Blätter, kurz Skat genannt, gaben ihm den Namen.

1.2 Benennung und Zählwert der Karten

Die Skatkarte besteht aus 32 Blättern, und zwar aus je acht Blättern der nachstehend in ihrer Rangfolge angegebenen Farben:

Kreuz	(Treff, Eicheln)
Pik	(Schippen, Grün)
Herz	(Coeur, Rot)
Karo	(Eckstein, Schellen)

Jede dieser vier Farben hat folgende Blätter:

1. As	= 11 Augen	Abkürzung A
2. Zehn	= 10 Augen	Abkürzung 10
3. König	= 4 Augen	Abkürzung K
4. Dame	= 3 Augen	Abkürzung D
5. Bube	= 2 Augen	Abkürzung B
6.–8. Neun, acht, sieben		ohne Zählwert

1.3 Einteilung der Spiele

1.31 Sämtliche möglichen Spiele teilt man wie folgt ein:

Spiele mit Skataufnahme	Spiele ohne Skataufnahme	offene Spiele mit Skataufnahme	offene Spiele ohne Skataufnahme
a. Gattung: Farbspiele			
Karo	Karo-Hand		Karo offen
Herz	Herz-Hand		Herz offen
Pik	Pik-Hand		Pik offen
Kreuz	Kreuz-Hand		Kreuz offen

b. Gattung: Grandspiele

Grand	Grand-Hand		Grand offen (ouvert)

c. Gattung: Nullspiele

Null	Null-Hand	Null ouvert	Null ouvert Hand

1.32 Der Skat steht in allen Fällen dem Alleinspieler zu.

1.33 Bei den Spielen mit Skataufnahme nimmt der Alleinspieler die beiden Skatblätter (SkO 2.26) auf, legt darauf zwei beliebige Blätter wieder weg (drückt oder senkt sie oder legt sie in den Skat) und bestimmt sodann das Spiel.

1.34 Bei den Handspielen bleibt der Skat während des Spiels unbenutzt; es stehen also dem Alleinspieler nur seine zehn Handkarten zur Verfügung.

1.35 Der Alleinspieler kann, gleichviel, ob er den Skat aufnimmt oder nicht, eine Farbe als Trumpf bestimmen, aber auch einen Grand oder ein Nullspiel melden.

1.36 Um zu gewinnen, muß der Alleinspieler bei Farb- und Grand-Spielen mindestens 61 Augen erreichen, bei Null-Spielen darf er keinen Stich bekommen.

1.37 Ein Stich besteht aus je einer Karte von Vor-, Mittel- und Hinterhand, die auch in dieser Reihenfolge zu spielen sind. Er ist vollendet, wenn alle drei Karten auf dem Tisch liegen. Er gehört demjenigen, von dem bei ausgespielter Farbe die höchste Karte dieser Farbe stammt, aber bei erfolgtem Einstechen unter Beachtung der Vorschriften über das Bedienen (SkO 3.21 und 3.22) demjenigen, der die höchste Trumpfkarte hingelegt hat (Trumpf geht über Fehlfarbe). Wird von vornherein Trumpf ausgespielt, so gehört der Stich dem Spieler, der die höchste Trumpfkarte gebracht hat.

1.38 Bei offenen Spielen muß der Alleinspieler noch vor dem ersten Ausspielen seine zehn Karten in ihrer ganzen Größe deutlich sichtbar auflegen, und zwar nach Farben und innerhalb der Farben der Höhe nach geordnet. Geschieht dies nicht, so sind die Gegenspieler berechtigt, die Ordnung selbst herzustellen.

1.39 Bei den offenen Farbspielen und beim Grand ouvert darf der Alleinspieler keinen Stich abgeben, weshalb bei diesen Spielen auch stets „Schwarz angesagt" gerechnet wird.

1.4 Bedeutung der Karten

1.41 Bei den Farbspielen wird immer eine Farbe

Trumpf; die anderen Farben stehen dann untereinander im Range gleich.

1.42 Höchste Trümpfe sind bei Farb- und Grandspielen die Buben in der Rangfolge ihrer Farben; bei Grandspielen gibt es keine anderen Trümpfe, bei Farbspielen folgen die weiteren sieben Karten der Trumpffarbe im Zählwert ihrer Augen (SkO 1.2).

1.43 Bei den Nullspielen gelten auch die Buben als Farbe. Die Reihenfolge lautet: As, König, Dame, Bube (Bildkarten), dann erst die Zehn und endlich Neun, Acht und Sieben.

2.0 Einleitung des Spieles

2.1 Wahl der Plätze

2.11 Die Reihenfolge der Mitspieler wird durch das Los bestimmt. Der erste kann sich dann seinen Platz wählen, der zweite setzt sich ihm zur Linken usw.

2.12 Mit dem Spielen darf nur nach Beendigung einer Runde aufgehört werden, ebenso darf ein einzelner Mitspieler nur am Schluß einer vollen Runde zu spielen aufhören, wenn er dies vor deren Beginn erklärt hat.

2.13 Auch kann nur nach Beendigung einer Runde und nur unter Zustimmung aller Teilnehmer ein neuer Spieler hinzutreten. Falls er nicht für einen Ausscheidenden eintritt, muß er seinen Platz rechts vom ersten einnehmen, so daß er sofort zu geben hat.

2.2 Verteilung der Karten

2.21 Der erste Mitspieler muß auch zuerst die Karten geben – er gibt an –, d. h. er muß die Karten gehörig durcheinandermischen, diese dann seinem rechten Nachbarn zum **einmaligen** Abheben hinlegen und, nachdem er den Rest der Karten auf den abgehobenen Teil gelegt hat, die Karten an die drei Mitspieler verteilen.

2.22 Ist bei mehr als drei Teilnehmern der Abheber vorübergehend abwesend, so darf außer dem Kartengeber jeder andere Teilnehmer abheben, es sei denn, der Abwesende hätte sich dies bei seinem Weggang vorbehalten. Verzögert sich die Rückkehr, so daß das Spiel stockt, so scheidet der Abwesende so lange aus, bis er wieder am Abheben ist. Ein Recht zu willkürlichem Ausscheiden für eine oder mehrere Runden kann daraus aber nicht abgeleitet werden.

2.23 Beim zweiten Spiel hat der zweite Teilnehmer zu geben usw., so daß also der rechte Nachbar des ersten Mitspielers stets das letzte Spiel einer Runde zu geben hat, mithin auch das letzte Spiel überhaupt (SkO 2.12), er muß daher abgeben.

2.24 Es muß abgehoben werden, und zwar so, daß mindestens vier Karten liegenbleiben oder abgehoben werden.

2.25 Es müssen, beim linken Nachbarn beginnend, jedem Mitspielenden zunächst drei Blätter gegeben werden, dann jedem vier und im letzten Gang wieder jedem drei (SkO 2.26).

2.26 Nach dem ersten Gange sind zwei Blätter – kurz Skat genannt – gesondert zu legen.

2.27 Bei vier Teilnehmern erhält der Kartengeber selbst keine Karten – er sitzt –, bei fünf oder mehr Teilnehmern spielen die beiden linken Nachbarn des Kartengebers und der rechte.

2.28 Wird beim Geben, sei es durch Schuld oder bloße Mitschuld des Kartengebers, eine Karte aufgeworfen, so muß noch einmal gegeben werden.

2.29 Besieht während des Kartengebens ein Spieler den Skat, so ist er vom Reizen auszuschließen (SkO 3.26).

2.210 Wurde eines oder wurden beide Skatblätter nach ordnungsgemäßem Geben aufgeworfen oder vor beendetem Reizen aufgenommen, so ist der Schuldige ebenfalls vom Reizen auszuschließen; auch ist keiner der anderen Mitspieler an sein früheres Gebot gebunden (SkO 2.3).

2.211 Wurden die Karten ordnungsgemäß verteilt, so muß ein gültiges Spiel zustandekommen. Auch ein eingepaßtes Spiel ist ein gültiges Spiel.

2.212 Jeder Teilnehmer muß nach beendetem Geben die Zahl der empfangenen Karten prüfen und eine fehlerhafte Kartenverteilung vor dem Ende des Reizens melden. Wurden die Karten vergeben, d. h. der Zahl nach oder sonstwie unrichtig verteilt, so muß nur dann noch einmal gegeben werden, wenn die Beanstandung rechtzeitig erfolgt ist oder wenn beide Parteien eine fehlerhafte Zahl der Blätter haben.
Andernfalls treten die Bestimmungen von SkO 3.25 bereits vor Spielbeginn in Kraft.

2.213 Hatte ein Teilnehmer gegeben, der nicht an der Reihe war, so ist das gegebene Spiel ungültig, selbst wenn es zu Ende gespielt ist. Dies gilt auch für das letzte Spiel einer Runde (siehe aber 2.2.14).

2.214 Bei Feststellung eines solchen Fehlers werden innerhalb der im Gang befindlichen Runde die Spiele vom Eintritt des Fehlers an wiederholt. Ist dieser bereits in vorhergegangenen Runden geschehen oder ist sein Zeitpunkt überhaupt nicht feststellbar, so bleiben alle abgeschlossenen Runden gültig. Es ist nur die im Gang befindliche Runde ungültig und zu wiederholen.
Sofort nach Aufdeckung des Fehlers hat dann Platz 1 zu geben. Die Spielliste bleibt gültig. Eine Runde ist dann abgeschlossen, wenn deren letztes Spiel eingetragen ist.

2.3 Reizen

2.31 Nachdem die Karten verteilt worden sind, muß zunächst durch das Reizen oder Bieten festgestellt werden, wer Alleinspieler wird.

2.32 Im Skat wird nach Spielwerten (Punkten) gereizt. Dabei fordert Vorhand (der erste, der Karten erhalten hat) zunächst Mittelhand (den linken Nachbarn) zu reizen auf, d. h. sie veranlaßt diese, ihr zu sagen, welchen Wert das Spiel hat, das sie spielen will. Entsprechend dem niedrigsten Spielwert (Karo mit oder ohne eine Spitze, einfach gewonnen) beginnt dieses Reizen in der Regel mit 18.

2.33 Hat Vorhand nun ein Spiel mit dem gebotenen oder einem höheren Spielwert nicht selbst, so muß sie passen oder verzichten, und Mittelhand wird dann von Hinterhand (dem dritten Mitspielenden) in gleicher Weise gereizt.

2.34 Will jedoch Mittelhand kein Spiel wagen oder hält Vorhand den von Mittelhand gebotenen höchsten Wert, so muß Mittelhand passen; dann reizt Hinterhand Vorhand weiter oder muß passen.

2.35 Der Spieler, der zuletzt den höchsten Wert gehalten oder geboten hat, wird der Alleinspieler. Er muß ein gleichwertiges oder ein Spiel von höherem Punktwert melden, gleichviel, ob er den Skat aufnimmt oder aus der Hand spielt.

2.36 Die Erklärung des Passens ist unwiderruflich, ebenso das Bieten und Halten eines Wertes und das Ansagen eines Spieles.

2.37 Will keiner der Mitspielenden ein Spiel wagen, so wird eingepaßt und der nächste gibt Karten. Niemals darf dann vom gleichen Kartengeber noch einmal gegeben werden (siehe SkWO 9.4).

2.38 Auch wenn der Alleinspieler sofort sein Spiel für verloren erklärt, sich legt (SkO 3.31), muß er ein bestimmtes Spiel ansagen, das dem gebotenen Wert und der Zahl der Spitzen entspricht (SkO 3.34).

2.39 Erreicht ein Handspiel die gereizte Punktzahl nicht, hat sich also der Alleinspieler überreizt, überboten, weil ein Bube oder weitere Spitzentrümpfe im Skat lagen (geringere Gewinnstufe), so gilt das Spiel für ihn verloren, selbst wenn er mehr als 60 Augen hat, und zwar muß sovielmal der Grundwert des gewählten Spieles berechnet werden, daß dadurch die gebotene Punkthöhe mindestens erreicht wird.

Wurden z. B. bei einem Herzhandspiel ohne 3 Spitzen 36 geboten, und liegt der Kreuz-Bube im Skat, so ist das an sich gewonnene Spiel nicht mit 36, sondern mit $4 \times 10 = 40$ Punkten zu bewerten. Der gleiche Wert käme in Betracht, wenn bis 40 gereizt worden wäre. Wurde also Herz gespielt, muß auch ein Herzspiel berechnet werden.

2.4 Parteistellung

2.41 Die drei Spielenden bilden zwei Parteien: Alleinspieler (SkO 2.35) und Gegenspieler (Partner). Wer nach beendigtem Reizen das Spiel bestimmt hat, ist der Alleinspieler, die beiden anderen sind die Gegenspieler und als solche mit den übrigen Teilnehmern seine gemeinsamen Gegner.

2.42 Die Gegenspieler bilden somit mit den übrigen Teilnehmern eine Gemeinschaft; sie genießen daher alle gemeinschaftlich den Erfolg ihres Spielens, tragen aber auch gemeinschaftlich den Mißerfolg und die Folgen ihrer Versehen und Verstöße (gemeinsame Haftung).

2.43 Der Alleinspieler bekommt deshalb nicht nur von jedem der beiden Gegenspieler, sondern auch von den übrigen Gegnern den vollen Betrag für sein gewonnenes Spiel, muß aber bei Verlust auch an alle Teilnehmer zahlen.

3.0 Gang des Spieles

3.1 Ausspielen

3.11 Das eigentliche Spiel beginnt damit, daß Vorhand ausspielt (anzieht). Später wird stets von demjenigen ausgespielt, der den vorhergehenden Stich gemacht hat. Ein rechtmäßig ausgespieltes Blatt darf niemals zurückgenommen werden: was liegt, liegt.

3.12 Hat jemand unberechtigt ausgespielt, so ist das Spiel für seine Partei mit den bis dahin eingebrachten Stichen und Augen beendet. Die andere Partei hat, wenn nicht die von ihr bis zum Fehler eingebrachten Stiche und Augen eine höhere Gewinnstufe bedingen, unter Berechnung der vorhandenen oder fehlenden Spitzen, einfach (nicht Schneider oder Schwarz) gewonnen. Beabsichtigt sie aber, eine solche zu erreichen, so kann sie verlangen, daß weitergespielt wird. Dann gilt der Fehler als überhaupt nicht begangen.
Wird unberechtigtes Ausspielen erst gerügt, nachdem der Stich – die drei Blätter von Vor-, Mittel- und Hinterhand – bereits aufgenommen worden ist, so gilt dies als rechtmäßiges Ausspielen.

3.13 Falsches Ausspielen zum letzten Stich eines Spiels ist unerheblich. SkO 3.11, Satz 2 gilt aber auch in diesem Fall.

3.14 Jedem Spieler an einem Tisch, auch dem Kartengeber ist es gestattet, einen anderen Spieler am unberechtigten Ausspiel zu hindern.

3.2 Bedienen

3.21 Ist ausgespielt worden, so hat zunächst der linke und sodann der rechte mitspielende Nachbar des Ausspielenden eine Karte zuzugeben. Dabei muß stets, soweit dies möglich ist, Farbe oder Trumpf bekannt – bedient – werden, d. h. stets irgendein Blatt der ausgespielten Farbe oder, wenn Trumpf gezogen – gefordert – wurde, ein Trumpfblatt, gleichviel ob höher oder niedriger, zugegeben werden.

3.22 Wer die ausgespielte Farbe nicht hat, kann entweder Trumpf zugeben – stechen – oder auch ein Blatt einer anderen Farbe abwerfen, brocken oder wimmeln. Ebenso darf jedes beliebige Blatt zugegeben werden, wenn beim Fordern Trumpf nicht mehr bekannt werden kann.

3.23 Wurden vorstehende Regeln über das Bedienen verletzt, wurde also der geforderte Trumpf oder die verlangte Farbe, obwohl es möglich war, nicht zugegeben, mithin verleugnet, so gilt dies als falsches Bedienen.

3.24 Falsches Bedienen beendet grundsätzlich, auch wenn es während des Spieles nachträglich festgestellt wird, das Spiel für die schuldige Partei mit den von ihr bis zum Begehen des Fehlers eingebrachten Stichen und Augen. Die Bestimmungen des Absatzes SkO 3.12 über Bewertung und mögliches Weiterspiel gelten entsprechend.

3.25 Hat jemand trotz regelrechter Kartenverteilung (SkO 2.2) im Laufe des Spiels zuwenig oder zuviel Blätter, sei es, daß doppelt oder gar nicht zugegeben, zuviel oder zuwenig weggelegt, eins oder mehrere Blätter verloren wurden, dann gilt das Spiel auf jeden Fall für die Partei mit der richtigen Zahl der Blätter als einfach gewonnen, unbeschadet des etwaigen Anspruchs auf eine höhere Gewinnstufe, wenn diese bereits erreicht war oder nachgewiesen werden kann, daß sie bei regelrechtem Spiel sicher erreicht worden wäre.

3.26 Besieht während des Spieles ein Mitspielender den Skat oder wird er von einem Teilnehmer aufgedeckt, so gilt das Spiel als beendet und für die andere Partei als einfach (nicht Schneider oder Schwarz) gewonnen, doch kann diese, wenn sie eine höhere Gewinnstufe erreichen will, verlangen, daß weitergespielt wird. Dann aber gilt das Versehen als überhaupt nicht begangen. Hatte jedoch die schuldige Partei das Spiel bereits gewonnen, so gelten für diese die bis dahin eingebrachten Stiche und Augen.

3.3 Abgekürztes Spiel

3.31 Im allgemeinen ist jedes Spiel zu Ende zu spielen, doch kann der Spieler sofort oder nach dem ersten Stich sein Spiel verloren geben, sich strecken oder legen; das Spiel gilt dann als mindestens dem Reizwerte entsprechend verloren (SkO 2.39).
Eine spätere Aufgabe des Spieles kann nur mit Zustimmung der Gegenspieler erfolgen.

3.32 Durch das Auflegen oder Vorzeigen der Karten bei Farb- und Grandspielen ohne Abgabe einer Erklärung zeigt der Alleinspieler an, daß er alle weiteren Stiche macht. Trifft dies nicht zu, so gehören alle Reststiche der Gegenpartei. Die Bestimmungen der SkO 3.12 über Bewertung und mögliches Weiterspiel gelten entsprechend.

3.33 Ein Gegenspieler darf bei Farb- und Grandspielen nur dann offen spielen, wenn seine Partei, sein Partner und der Alleinspieler mögen spielen, wie sie wollen, alle weiteren Stiche macht. Trifft dies nicht zu, so gehören alle Reststiche dem Alleinspieler. Die Bestimmungen der SkO 3.12 über

Bewertung und mögliches Weiterspiel gelten entsprechend.

3.34 Bei einem S p i e l m i t S k a t a u f n a h m e ist das Legen mit dem gebotenen Spielwert nicht gestattet, vielmehr muß vor dem Strecken stets ein bestimmtes Spiel angesagt werden.

3.35 Schenkt eine Partei der anderen ein Spiel, so können nach Einsicht in die Kartenverteilung und in den Skat nachträglich keinerlei rückwirkende oder das Schenken aufhebende Ansprüche geltend gemacht werden (siehe SkWO 9.5). Verlangt eine Partei bei Schenkungsangebot trotzdem Durchführung des Spiels, so ist dem ohne weitere Verpflichtung für den Spieler stattzugeben.

3.36 Hat sich der Alleinspieler bei einem Spiel mit Skataufnahme überreizt, weil ein Bube oder andere Spitzentrümpfe im Skat lagen (dadurch niedrigere Gewinnstufe), so darf er sofort sein Spiel aufgeben. Es muß sovielmal der Grundwert des gewählten Spiels berechnet werden, daß dadurch die gebotene Reizhöhe mindestens erreicht wird. In die Spielliste ist zusätzlich „überreizt" einzutragen. Beispiel: Der Alleinspieler wollte bei gereizten 59 ein Farbspiel ohne Buben spielen, findet aber den Pik-Buben im Skat. In diesem Fall kann der Alleinspieler ein Herz- oder Kreuzspiel ansagen. In die Spielliste wird Herz bzw. Kreuz ohne 1, „überreizt", minus 120, eingetragen.

3.4 Grundregeln

3.41 Wer die nachstehenden Grundregeln verletzt, kann im Wiederholungsfalle nach voraufgegangener Verwarnung vom Weiterspiel ausgeschlossen werden. Der durch diese Regelverletzungen bedingte Verlust eines Spieles gemäß den Bestimmungen der Abschnitte SkO 3.1–3.3 bleibt dadurch unberührt.

3.42 Das G e b e n (Mischen, Abheben und Verteilen) hat so zu geschehen, daß keinem Teilnehmer die Innen-(Vorder-)seiten der Kartenblätter sichtbar werden. Wird von einem Kartengeber die Karte beim Mischen gestochen oder geblättert, so ist sie vor dem Abheben noch einmal durchzumischen.

3.43 Jeder Mitspielende ist verpflichtet, seine Karten so aufzunehmen, daß keiner der anderen Spieler hereinsehen kann, wie es andererseits auch nicht gestattet ist, in die Karten anderer hineinzusehen oder sich deren Karten verraten zu lassen. Ebenso hat sich jeder Teilnehmer aller Äußerungen zu enthalten, die geeignet sind, die Verteilung der Karten zu verraten.

3.44 Der S k a t darf nur von dem dazu Berechtigten (SkO 1.32; 2.29) angesehen werden, keinesfalls von den nicht spielenden Teilnehmern.

3.45 Während des Spiels darf über dessen Gang weder gesprochen noch irgendein Zeichen darüber gemacht werden; den Parteien ist auch das laute Zählen der Trümpfe und Augen nicht gestattet.

3.46 V o r w e r f e n , das heißt eher bedienen als der erste Gegenspieler oder das herausfordernde V o r h e r -

z i e h e n ist dem zweiten nicht gestattet. Der Alleinspieler ist – im Gegensatz zu den Gegenspielern – berechtigt, eine zum Ausspielen bzw. Bedienen vorgesehene und sichtbar gewordene Karte zurückzunehmen (Vorteilsregel).

3.47 Das W e g n e h m e n der Stiche darf nur in einer Weise erfolgen, daß auch die zuletzt zugegebene Karte von allen Mitspielern deutlich gesehen und erkannt werden kann. Andernfalls muß der letzte Stich auch dann noch einmal gezeigt werden, wenn bereits wieder ausgespielt worden ist, während sonst der letzte Stich nur vor dem neuen Ausspielen nachgesehen werden darf bzw. auf Verlangen vorgezeigt werden muß.

3.48 Nachdem zum ersten Stich ausgespielt worden ist, darf der Skat nicht mehr eingesehen werden. Während des Spiels dürfen die abgelegten Stiche weder aufgedeckt und betrachtet noch vermischt werden.

3.49 Der Alleinspieler und die Gegenspieler müssen ihre Stiche selbst einziehen (SkWO 8.6).

3.410 Jeder Teilnehmer ist verpflichtet, alle Bestimmungen der Skatordnung zu beachten und zu befolgen.

4.0 Bewertung der Spiele

4.1 Grundwerte

4.11 Jede Spielgattung außer den vier Nullspielen, die einen beständigen Spielwert haben, hat einen bestimmten Einheits- oder G r u n d w e r t.

4.12 Der Grundwert beträgt für:

Karo	9	Kreuz	12
Herz	10	Grand	24
Pik	11	Grand offen	36

4.13 Der Spielwert beträgt für:

Null	23	Null offen	46
Null Hand	35	Null offen, Hand	59

4.2 Gewinnstufen

4.21 Man unterscheidet – außer bei Nullspielen – folgende Gewinnstufen:

Stufenzahl	**Klasse I**	Spiele mit Skataufnahme
1	Spiel einfach	gewonnen oder verloren
2	Schneider	gewonnen oder verloren
3	Schwarz	gewonnen oder verloren
Stufenzahl	**Klasse II**	H a n d s p i e l e Spiele ohne Skataufnahme (Sie haben gegenüber Spielen mit Skataufnahme von vornherein die Gewinnstufe „Hand“ voraus.)
2	Spiel einfach	gewonnen oder verloren
3	Schneider	gewonnen oder verloren
4	Schn. angesagt	gewonnen oder verloren
5	Schwarz	gewonnen oder verloren
6	Schw. angesagt	gewonnen oder verloren
7	Offen	gewonnen oder verloren

4.22 Der Alleinspieler hat sein Spiel einfach gewonnen, wenn er einschließlich des Wertes der Skatblätter (SkO 1.32; 2.26) 61 Augen erlangt hat.

4.23 Schneider wurde die Partei, die nur 30 oder weniger Augen erreichte.

4.24 Schwarz wurde die Partei, die keinen Stich erhielt; bei einem einzigen Stich, auch ohne jedes Auge, wurde die Partei nur Schneider.

4.25 Der Alleinspieler kann bei allen Spielgattungen der Handspielklasse außer den Nullspielen vor dem ersten Ausspielen Schneider und Schwarz ansagen. Er meldet damit die zu erreichende Gewinnstufe vorher an. Erreicht er diese dann nicht, so gilt für ihn das Spiel mindestens in der gemeldeten Gewinnstufe verloren. Verliert er in einer höheren Gewinnstufe (wird er selbst Schneider oder Schwarz), so gilt für die Berechnung die höhere. Erreicht der Spieler aber eine höhere Gewinnstufe als die angesagte, so gilt diese bei der Berechnung (SkO 4.4).

4.26 Die Gewinnstufen „Schneider angesagt" und „Schwarz angesagt" werden nur dann gewertet, wenn die Ansage tatsächlich erfolgt ist.

4.3 Spitzen

4.31 Trümpfe in ununterbrochener Reihenfolge vom Kreuz-Buben an heißen Spitzen.

4.32 Hat der Alleinspieler den Kreuz-Buben selbst, so kommen seine Spitzen (er spielt mit Spitzen), hat er ihn nicht, so kommen seine fehlenden Spitzen in Betracht (er spielt ohne Spitzen). Farbspiele sind also höchstens mit oder ohne elf Spitzen (vier Buben und sieben Farbblätter), Grandspiele höchstens mit oder ohne vier Spitzen (vier Buben) durchführbar.

4.33 Farb- und Großspiele mit Spitzen haben bei gleicher Gewinnstufe denselben Wert wie Spiele ohne dieselbe Spitzenzahl.

4.4 Spielwerte

4.41 Die Spielwerte der Einzelspiele werden in Wertpunkten, kurz Punkten, errechnet. Diese richten sich nach Klasse, Gattung und unveränderlichem Grundwert des Spiels, ferner nach Gewinnstufen und Anzahl der in der Hand des Alleinspielers (einschließlich Skat) befindlichen oder fehlenden Spitzen.

4.42 Spitzen und Gewinnstufen werden zusammengezählt und ergeben die Summe der Fälle. Die durch Klasse und Gattung bestimmten Grundwerte werden mit der Anzahl der Fälle malgenommen und ergeben den Spielwert in Punkten. Alle Nullspiele haben unveränderliche Spielwerte (SkO 4.13).

4.43 Alle Gewinne und Verluste sind sofort nach dem Spiel in die Spielliste einzutragen. Die Korrektur fehlerhafter Eintragungen darf nur mit Einverständnis der beteiligten Spieler bis zum Ende der laufenden Serie vorgenommen werden (siehe aber auch SkWO. 7.25).

4.44 Jedes verlorene Spiel mit Skataufnahme muß mit verdoppelten Punkten in die Spielliste eingetragen bzw. zum doppelten Wert bezahlt werden. Bei verlorenen Handspielen werden die Punkte nicht verdoppelt.

4.45 Sämtliche Spielwerte aller im Einheitsskat gewonnenen Einzelspiele sind nach Abschnitt SkO 4.5 zu ermitteln:

4.5 Ermittlung der Fälle

Spiel mit Skataufnahme 1. Klasse	2. Klasse	Handspiele
a) Spitzen	1–11	1–11
+ b) Gewinnstufen	1– 3	2– 7
= Summe der Fälle	2–14	3–18

4.6 Aufrechnung

4.61 Sämtliche gewonnenen und verlorenen Spiele werden in die Spielliste eingetragen, die für jeden Teilnehmer eine Postenreihe enthält. Neue Spiele werden nach ihren Punktwerten sofort zu- oder abgerechnet, so daß der Stand der Teilnehmer zueinander jederzeit einzusehen ist.

4.62 Bei Preisskaten und Wettspielen hingegen sind die Einzelspiele unter genauer Bezeichnung einzeln in besondere Listen einzutragen und laufend für jeden Teilnehmer aufzurechnen (Gewinnpunkte – Verlustpunkte).

4.63 Der Spieleinsatz wird vorher vereinbart; üblich liegt er zwischen $^{1}/_{10}$ bis 1 Pfennig je Wertpunkt. Bruchteile werden in der Regel nach oben aufgerundet. Bei Bargeldskat mit sofortiger Auszahlung wird der Betrag für verlorene Spiele mit Skataufnahme erst nach der Aufrundung verdoppelt.

4.64 Nach Beendigung der Partie sind Gewinn und Verlust durch Vergleichsrechnung zu ermitteln. Einfach und schnell ist die Ermittlung des Endergebnisses nach dem Quersummenverfahren. Das erste Beispiel wird angewandt, wenn die Endzahlsumme aller Teilnehmer ein Plus ergibt, das zweite, wenn die Minuspunkte überwiegen.

A, B, C und D sind die vier Teilnehmer. In der ersten Querreihe stehen die Endzahlen der Spielliste, während die zweite Querreihe (unter dem Strich) die vierfachen Endzahlen (bei vier Teilnehmern) nennt. In der dritten Querreihe wird die Endzahlsumme (Summe aller Plus- abzüglich aller Minuswerte) abgezogen bzw. zugezählt. In der letzten Querreihe ergeben die Minuspunkte die zu zahlenden, die Pluspunkte die zu empfangenden Beträge.

	A	B	C	D
1. Beispiel:	+196	+ 33	— 12	+ 85
	+784	+132	— 48	+340
	—302	—302	— 302	—302
	+482	—170	— 350	+ 38
2. Beispiel:	**A**	**B**	**C**	**D**
	+ 44	+ 33	— 420	+130
	+176	+132	—1680	+520
	+213	+213	+ 213	+213
	+389	+345	—1467	+733

Im 1. Beispiel sind die 302 Punkte (Endzahlsumme) gewissermaßen Schulden, die jeder einzelne an die drei anderen hat, die darum sein Guthaben vermindern und abgezogen werden müssen. Im 2. Beispiel jedoch sind die Minuspunkte (–213) nicht belastende Schulden, sondern gewinnerhöhende Forderungen, die darum praktisch zuzuzählen sind. Bei einem Spielsatz von 1/4 Pf müssen selbstverständlich die Endzahlen der Spielliste vor der Abrechnung erst auf ein Viertel gebracht werden.

REGISTER